Ostfriesland mit Inseln

Gisela Buddée

Gisela Buddée, Autorin, Lektorin, Journalistin, lernte den Norden und die Nordsee während zehnjähriger Arbeit in Hamburg lieben und ist dieser Liebe, erweitert um die Ostsee, nach dem Umzug 1994 nach Berlin treu geblieben.

Dünen auf Norderney: Um die vom Wind geschaffene Schönheit der Sandhügel nicht zu zerstören und ihre Schutzfunktion zu erhalten, sollte man nur die markierten Wege benutzen.

OSTFRIESLAND MIT INSELN

Routen und Touren

Wichtige Informationen

✦ Karten und Pläne

Die Buchstaben-Zahlen-Kombinationen im Text verweisen auf die Planquadrate der Karten.

Wasser, Weite, Wind und Wolken – das ist die Ostfriesenmischung, die nach Urlaub klingt. Ostfriesland ist in jeder Beziehung ein Inselland.

»Moin, moin« – da fängt es schon an! So wird es auch aufhören, denn Ostfriesen grüßen zu jeder Tageszeit in dieser Form. Dieser Gruß ist auch fast das einzige, was hier nicht von Ebbe und Flut und somit vom Mond abhängig ist, und es wäre ein Irrtum, daraus zu schließen, daß Ostfriesland hinter dem Mond liege, wie Unverbesserliche behaupten. Aber es ist die erste und gewiß nicht die letzte Gelegenheit der Ostfriesen, sich an den berüchtigten Witzen zu rächen. Dies »Moin« ist nämlich keine genuschelte Abkürzung von »Guten Morgen«, sondern bedeutet »Schönes«. Rücksichtsvoll und höflich stellen die Einheimischen dem Fremden, der gekommen ist, sich an Ferientagen beim **Ostfriesenabitur** zu vergnügen, keine so schwierigen Fragen. Er hat ohnehin genug damit zu tun, seine Vorurteile abzubauen.

Charme der Provinz

»Aurich ist schaurich« stöhnten Generationen niedersächsischer Lehrerstudenten in banger Erwartung, ihr Junglehrerdasein, das möglicherweise erst mit der

»Rasenmäher« der vergleichsweise stillen Sorte: Schafe halten das Gras auf natürliche Art kurz – deshalb findet man kaum einen Deich, wo sich nicht gerade eine Herde der wolligen Tiere tummelt.

Pensionierung enden würde, im hohen Norden, beziehungsweise dort, am Ende der Welt, verbringen zu müssen. Wenn ein vermeintlich gnädiges Schicksal ihnen das ersparte und das städtisch-turbulente Schulleben sie erschöpfte, stellten sie das Fahrrad auf's Autodach und fuhren ein paar Tage zur Erholung nach Ostfriesland, »weil da nichts los ist«, um dort den Charme der Provinz zu genießen. Da fanden (und finden) sie, über Ostern zum Beispiel, alle andern, aber kein Quartier mehr. Das Land am Meer, von dem Feriengäste über lange Zeit hauptsächlich die Inseln schätzten, und das Fremdenverkehrsverbände auch südliche Nordsee nennen, hat längst euphorische Fürsprecher gefunden, überschwengliche Schwärmer, die publik gemacht haben, daß Land kein Synonym für Langeweile sein muß.

Seltenes, schwieriges, schönes altes Handwerk: Spitzenklöpplerinnen findet man auch in Ostfriesland nicht überall, aber doch häufiger als in anderen deutschen Landen.

Nicht überall ist Ostfriesland

Mittlerweile denken viele, »alles da oben« sei Ostfriesland, von der holländischen Grenze im Westen bis zum Jadebusen im Osten, die kreisfreie Stadt Wilhelmshaven inklusive, das Land bis Oldenburg ohnehin und die Inseln sowieso, also auch Wangerooge. Aber Jever ist der Verwaltungssitz des oldenburgischen Landkreises **Friesland,** und auch Wangerooge gehört zu **Oldenburg.** Damit sei ein geographisches Vorurteil beseitigt. Zum Geographischen ist aber hinzuzufügen, daß in vielen Schulen immer noch Falsches gelehrt wird, eben die Mär von den sieben ostfriesischen Inseln. **Wangerooge** fällt, siehe oben, flach, und damit sind es acht. Nicht sieben und auch nicht sechs: **Spiekeroog, Langeoog, Baltrum, Norderney, Juist, Borkum,** und dann gibt es noch **Mellum** vor dem Jadebusen und **Memmert** südlich der Westküste von Juist. Aber die letzten beiden sind zu Vogelschutzgebieten erklärt worden und bieten nur gefiederten Touristen Unterkunft. Die Insulaner von **Wangerooge** sind es gewöhnt, immer eingemeindet zu werden, sie werden hier also auch berücksichtigt.

Der Gast kommt, das Meer geht

Die Inseln sind für viele schon lange das schönste Stück Ostfrieslands und immer noch überraschend für Binnenländer: Da hat man die Koffer ausgepackt, sich ein bißchen dort umgesehen, wo man die nächsten Wochen wohnen wird, und geht ans Meer, über das man gerade erst hergekommen ist – und das ist weg. Ist die Insel klein wie Baltrum, sieht man schnell auf der anderen Seite nach. Da ist das Meer, aber hinein darf man nicht. Von Ebbe und Flut hat zwar jeder schon in der Schule gehört, aber daß das soo ist!

Einen halben Mond-Tag genau dauert eine **Tide**, also 12 Stunden und 25 Minuten. In dieser Zeit steigt und fällt das Wasser, erreicht vom tiefsten Stand (**Niedrigwasser**) über den höchsten Stand (**Hochwasser**) wieder den tiefsten Stand. Steigen und Fallen des Wassers werden von der Anziehungskraft des Mondes und der Sonne bestimmt. Nach Voll- und Neumond addieren sich die Einflüsse von Sonne und Mond; die Tide ist dann besonders hoch.

Zu Fuß über's Wasser

Wenn das Wasser sinkt, beginnt für Landratten die spannendste Zeit. Man kann zu Fuß über das Meer oder sogar vom Festland auf eine Insel gehen. Es knistert. Vorne, rechts und links, hörbar sogar dann, wenn die nackten Füße über das Watt quatschen. Den verhaltenen Lärm verursachen Millionen von Schlickkrebsen, die auf Nahrungssuche herumkrabbeln. Überall bohren sich Sandkringel aus dem Watt – genaugenommen sind es Kotkringel des Pierwurms, und an festen Prielkanten (**Priele** sind die Zu- und Abflußrinnen der Gezeitenströme im Watt) erstrecken sich Muschelbänke scheinbar bis zum Horizont. Strandschnekken und Seepocken warten auf die nächste Flut, dort, wo es geschützt ist, und am liebsten in großer Gesellschaft. Das **Wattenmeer**, Lebensraum für unzählige Fisch-, Vogel- und Kleintierarten und damit ein Ort, wie er sonst nirgendwo auf der Welt existiert, spielt eine bedeutende Rolle für die Artenerhaltung und auch für die Ernährung des Menschen.

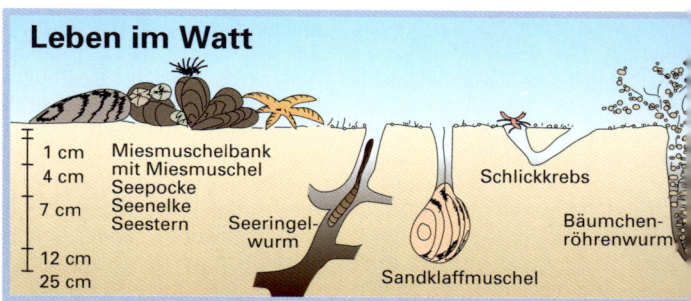

Leben im Watt

1 cm	Miesmuschelbank
4 cm	mit Miesmuschel
	Seepocke
7 cm	Seenelke
	Seestern
12 cm	
25 cm	

Seeringelwurm

Schlickkrebs

Sandklaffmuschel

Bäumchenröhrenwurm

Wer weiß schon, daß gerade dies Tausendstel der Gesamtmeeresfläche fast fünf Prozent des Weltfischfangs ermöglicht?

Auch Inseln wandern

Watt ist ehemaliges Land, entstanden vor etwa 2000 Jahren, als sich das Erdklima nach der Eiszeit erwärmte, Gletscher abzuschmelzen begannen und mit riesigen Wassermassen einen weltweiten Anstieg des Meeresspiegels verursachten. Marschen und Wälder ertranken und mit ihnen die Tiere, wie versteinerte Geweihe, die auf dem Meeresboden gefunden wurden, beweisen. Der Anstieg des Meeresbodens hinterließ eine neue Küstenlinie und dort, wo das Land höher lag, Inseln. Und diese Inseln »wandern«: Was das Meer wegen der vorherrschend westlichen Winde und der Strömungen im Westen wegspült, lagert sich in den strömungsruhigen Gebieten im Osten wieder ab. Bei Ebbe wird die Umgebung der Inseln wieder zu Land, der Meeresboden, der trockenfällt, läßt für einge Zeit Sand und **Schlick** zurück. Schlick ist nur ein kleiner, aber wichtiger Teil im küstennahen Wattbereich.

Schlaraffenland für Vögel

Plankton, kleingemahlene Pflanzen- und Tierreste, die mit den Flüssen ins Meer getragen werden, bilden das Sedimentgemisch. Bakterien bauen die organischen Anteile ab, und das erzeugt den hauptsächlich im Sommer wahrnehmbaren schwefeligen Geruch.

Schlickwatt ist das reinste Schlaraffenland für Millionen von Vögeln, die dort jeden Tagen 380 000 Kilogramm Nahrung suchen und finden. Der Tisch ist nicht besonders abwechslungsreich, aber unglaublich reich gedeckt, denn die Zahl der Wattbewohner ist riesig. Die meisten von ihnen werden Wattwanderer nicht sehen, aber Schlickkrebse – 44 000 pro Quadratmeter –, Herzmuscheln, Wellhornschnecken, Strandschnecken, Räumchenröhren-, Wattringel- und Borstenwurm, und wie sie alle heißen, gräbt vielleicht der Wattführer für Sie aus.

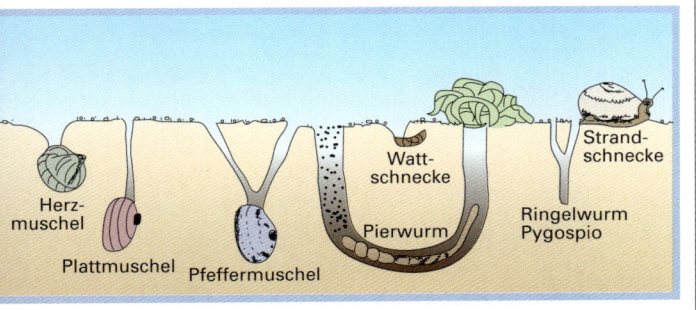

Herzmuschel — Plattmuschel — Pfeffermuschel — Pierwurm — Wattschnecke — Ringelwurm Pygospio — Strandschnecke

Station auf der Winterreise

Meer-, Sichel- und Zwergstrandläufer, Alpenstrandläufer, Pfuhlschnepfen, Grünschenke, Brachvogel, Brand- und Küstenseeschwalbe leben von dem, was sich im Watt bewegt und sich seinerseits von Kieselalgen ernährt. Vögel, die aus dem Winterquartier nach Norden fliegen, machen hier Station und versorgen sich mit Nahrung für eine weite Reise.

Nur wenige **Pflanzen** haben sich auf das karge Leben im und am Wattenmeer eingerichtet, und nicht einmal alle von ihnen vertragen eine regelmäßige Salzwasserüberflutung. Strandflieder, Salzaster und Grasnelke, Seegras, Blasentang und Sägetang wachsen am Flutsaum, dort, wo die Flut ihren höchsten Punkt erreicht und ablagert, was sie mitbringt.

Als hartnäckige Pionierpflanze festigt der Queller, einem Wasserkaktus ähnlich, den Boden und verhindert so Abtragung. Strandmilchkraut kriecht mit rotweißen Blüten über den Boden und scheidet das Salz, das es über die Wurzeln aufnimmt, über die Blätter wieder aus. Auf Sandbänken und am Strand wachsen Strandweizen und Binsenquecken, die verhindern, daß aus Dünen Wanderdünen werden. Strandroggen und Strandhafer erfüllen mit metertiefen Wurzeln denselben Zweck. Alle Blumen – und die wenigen Bäume auf den Inseln – hält der meist beständig wehende Wind klein.

Nationalpark Wattenmeer

Das Wattenmeer ist Nationalpark, das heißt, geschützt. Naturschützer, Küsten- und Inselbewohner und Touristikmanager haben diese Entscheidung der niedersächsischen Regierung 1986 gemischt aufgenommen – aus unterschiedlichen Gründen;

LESETIP

In monströsen Strandkörben sitzen »hochgeschlossene Damen«, ein Berliner Geschäft wirbt für seine Loden-Pelerinen, Sandburgen sind mit kunstvollen Muschelbildern geschmückt: **»Saison am Strand – Badeleben an Nord- und Ostsee, 200 Jahre«** heißt ein ebenso amüsantes wie aufschlußreiches Buch aus Koehlers Verlagsgesellschaft mbH, Herford, das zu einer gleichnamigen Ausstellung in Hamburg und Berlin entstand.

den einen war es zuviel, den anderen zu wenig Schutz. Ökologen und Tierschützern ist die Nationalparkregelung immer noch zu lau, die anderen haben verstanden, die vermeintliche Bedrohung ihres Lebensraumes zum zugkräftigsten Werbeargument für Feriengäste zu machen.

Eine Halbinsel in Niedersachsen

Auch das **ostfriesische Binnenland** ist beim zweiten Hinsehen eine Insel, genaugenommen eine Halbinsel: Hochmoore schlossen das Gebiet zwischen Dollart und Jadebusen jedoch über Jahrhunderte vom Süden ab, es entwickelte sich eigenständig, und die Dominanz von Schiffahrt, Fi-

Zuviel Wind? Zuviel Sonne? Zuviel Trubel? Wer sich in einen der gemütlich knarzenden Strandkörbe zurückziehen kann, läßt solche gewichtigen Probleme einfach »außen vor«.

scherei und Tourismus hat sich bis in die Gegenwart erhalten. Auf den Marschen im Schutz der Deiche wachsen Raps, Weizen und Gemüse, und dort weiden auch die Rinderherden. Die alten Sielorte, heute Touristenattraktionen, waren Handels- und Fischereihäfen.

Erst mit dem »Goldenen Ring« der Deiche, die im 13. Jahrhundert entstanden, war die Halbinsel weitgehend geschützt. Bis dahin konnte man nur auf **Warften,** auf aufgeschütteten Hügeln, siedeln, wie auf den immer wieder überfluteten Halligen, jetzt auch auf ebener Erde.

Ständiger Kampf um Land

Immer wieder wurde Land dem Meer abgerungen. Das macht man heute noch mit Buhnen, ins Meer hineingebauten Steindämmen, an denen das Wasser Schlick absetzt. Neugewonnenes Land, das noch nicht eingedeicht

ist, nennt man **Heller**. Es mildert nicht nur die Wucht der Wellen, sondern ist, im Winter oft überflutet, im Sommer neues Landwirtschaftsgebiet. Wenn das Land durch Schlickablagerungen genügend Höhe erreicht hat, werden zunächst niedrige Sommerdeiche gebaut. Diese eingedeichten **Sommerpolder** eignen sich noch nicht zur Besiedlung. Erst wenn Deiche mit 8 bis 10 Metern Höhe Landesschutz gewähren, kann das Land hinterm Deich, das übrigens in Oldenburg **Groden** und in Nordfriesland **Koog** heißt, besiedelt werden.

Seen sind Meere und Meer ist See

Den Marschen im Schutz der Deiche folgt die Geestlandschaft mit Wiesen und Wäldern, Kartoffel- und Roggenäckern, kleinen Städten und uralten Dörfern. Hohe Grundwasserstände zwischen Geest- und Marschgebieten führten zur Moorbildung, und an den tiefsten Stellen sammelte sich das Wasser in Seen, die Ostfriesen Meere nennen. Die riesigen Moorflächen, längst abgetorft, haben an den kilometerlangen Kanälen die **Fehndörfer** hinterlassen, die für streßgeplagte Städter zum Inbegriff für ruhige Ferien auf dem Land geworden sind.

Aus Witzen wurden Urlaubsträume

Die Themen der Ostfriesenwitze haben sich, fast in aller Stille, zu Urlaubsträumen gewandelt. Die mit freundlicher Gehässigkeit bedachten Eigenheiten Ostfrieslands und der Ostfriesen sind, anscheinend über Nacht, Ziele neuer Sehnsüchte geworden: die Stille eines Landstrichs mit wenig Industrie, die Weite und Übersichtlichkeit des Landes, die spürbare Gegenwart von Wetter, die Dominanz der Natur, fast nur von kleinen Ortschaften und alten Höfen unterbrochen, zu denen **Windlooper**, wie die geduckten Bäume hier heißen, an schmalen Straßen führen.

Schöne Museen und alte Orgeln

Die Fülle ostfriesischer Kultur haben allerdings erst wieder Städter ins Gespräch gebracht, deren bekanntester Henri Nannen geworden ist, der mit der Kunsthalle in **Emden** eins der unbestritten schönsten Museen in Norddeutschland geschaffen hat. Aber wo gibt es so viele, sogar bespielbare, historische Orgeln? Die älteste Europas steht in **Rysum**, und Kenner auf der ganzen Welt schätzen die Orgelakademie von **Bunderhee**. Nicht nur im »Ostfriesischen Orgelsommer«, sondern auch sonntags erklingen in vielen der großen roten Backsteinkirchen wunderschöne Konzerte.

Orgelland Ostfriesland:
Kaum irgendwo sonst findet man
so viele wunderschöne histo-
rische Orgeln, die – nicht nur am
Sonntagmorgen – zu einem
klangvollen Konzert einladen.

Die Fährhafen sind Dreh- und Angelpunkte der touristischen Verkehrsströme. Sie sind gut ans Autobahn- und Fernbahnnetz angeschlossen.

Mit dem Auto Drei Autobahnen führen nach Ostfriesland, die A 28 von Oldenburg nach Leer und Emden, die A 29 nach Wilhelmshaven und die A 31 an der holländischen Grenze entlang von Meppen nach Leer.

Mit der Bahn Es gibt drei Bahnlinien für diejenigen, die nach Ostfriesland oder auf die Inseln wollen. Von **Köln** kommt man über Leer, Emden, Norden nach Norddeich. Ein Bus fährt vom Bahnhof nach Neßmersiel und damit zur Fähre nach Baltrum. Wer nach Borkum will, muß in Emden aussteigen. Mit der Autofähre oder dem wasserstrahlgetriebenen Katamaran kommt man vom Außenhafen auf die Insel.

Aus **Hamburg** und **Hannover** fährt ein Zug über Oldenburg und Leer nach Groningen. Mit Bussen oder dem Zug aus Westen fährt man ins Binnenland beziehungsweise an die Küste.

Die Strecke **Oldenburg, Sande, Wilhelmshaven** führt in den Osten der ostfriesischen Halbinsel, von Sande kommt man auf einer Nebenstrecke über Jever und Wittmund nach Esens. Busse fahren von den Städten regelmäßig zu den Küstenorten Caro-

Frische, salzige Seeluft in der Nase, dazu das Geschrei der Möwen – für viele gibt es keinen schöneren Start in den Urlaub als eine Fährpassage zu ihrer ganz persönlichen Insel der Träume …

linensiel, Neuharlingersiel und Bensersiel, von wo aus die Fährschiffe nach Wangerooge, Spiekeroog und Langeoog fahren.

Mit dem Bus Die Busverbindungen zwischen den ostfriesischen Städten sind verhältnismäßig gut, Schnellbusse und Halbstundentakt gibt es aber nur zwischen größeren Städten. Abseits liegende Dörfer im Binnenland werden oft nur dreimal täglich angefahren. Gute Verbindungen gibt es jedoch wieder zu den Küstenorten.

Mit dem Flugzeug Fast alle Inseln sind auch mit dem Flugzeug erreichbar, Borkum von Emden aus, Juist, Norderney, Baltrum und Langeoog von Norddeich aus und Wangerooge von Carolinensiel-Harle. Nach Spiekeroog fahren nur Personenfähren.

Mit dem Schiff Die Fährverbindungen zu den Inseln sind unterschiedlich, je nachdem, ob es tideunabhängige Fahrstraßen gibt oder nicht. Tideunabhängig sind nur die Fähren nach Borkum, Norderney und Langeoog. Bei allen anderen wechseln die Abfahrtzeiten täglich, Juist ist sogar an manchen Tagen überhaupt nicht erreichbar.

Garagen und Großparkplätze gibt es an allen Fährhäfen. Sein Auto dort zu lassen, ist auch dann sinnvoll, wenn man es mit auf die Insel bringen kann, dort aber praktisch nicht fahren darf. Mittlerweile sind Autos auf allen Inseln nicht mehr gern gesehen.

Borkum

Autofähre und Personenfähre, tideunabhängig von **Emden-Außenhafen.**
Reederei AG Ems
Tel. 0 49 21/89 07 22, Fax 89 07 42

Garagen in Emden
Garagen und Abstellplätze etwa 300 Meter vom Anleger entfernt. Tel. 0 49 21/89 07 41

Juist

Personenfähre, tideabhängig von **Norddeich.**
Reederei Norden-Frisia
Tel. Norden-Norddeich
0 49 31/98 70, Fax 98 71 31
Tel. Juist 0 49 35/9 10 10, Fax 91 01 34

Garagen in Norddeich
Arends Garagen, Tel. 0 49 31/84 92
Frisia Garagen, Tel. 0 49 31/98 70
Frerich Meyenburg, Tel. 0 49 31/25 34
Park Service, Tel. 0 49 31/43 16

Norderney

Autofähre, tideunabhängig von **Norddeich.**
Reederei Norden-Frisia
Tel. Norddeich 0 49 31/98 70, Fax 98 71 31
Tel. Norderney 0 49 32/91 30, Fax 9 13 10
Garagen in Norddeich (→ Juist)

Baltrum

Personenfähre, tideabhängig von **Neßmersiel**.
Reederei Baltrum-Linie GmbH
Tel. 0 49 39/9 13 00, Fax
91 30 40
Garagen in Neßmersiel
Neßmersieler Garagenbetriebe
Tel. 0 49 33/22 23, 7 12, 23 63

Langeoog

Personenfähre tideunabhängig von **Bensersiel**.
Reederei Schiffahrt der Inselgemeinde Langeoog
Tel. 0 49 72/69 30, Fax 16 03
Garagen in Bensersiel
Garage Arians, Tel. 0 49 71/8 87
Garage Parpart, Tel. 0 49 71/45 96
Garage H. Graef,
Tel. 0 49 71/8 33
Inselparkplatz GmbH,
Tel. 0 49 71/31 00

Spiekeroog

Personenfähre, tideabhängig von **Neuharlingersiel**.
Nordseebad Spiekeroog GmbH
Tel. 0 49 76/91 93 33,
Fax 91 93 47
Fahrkartenausgabe in Neuharlingersiel, Tel. 0 49 74/2 14
Garagen in Neuharlingersiel
Spiekeroog-Garagen GmbH,
Tel. 0 49 74/2 84 und 3 86

Wangerooge

Personenfähre tideabhängig von **Harlesiel**.
Reederei Schiffsdienst und **Inselbahn Wangerooge** (Deutsche Bundesbahn)
Bahnhof Harle,
Tel. 0 44 64/94 94 11,
Fax 94 94 40
Wangerooge, Tel. 0 44 69/2 17

Entfernungen (in km) zwischen wichtigen Orten in Ostfriesland

	Aurich	Dornum	Emden	Greetsiel	Großefehn	Jever	Leer	Neuharlingersiel	Norden	Papenburg	Wilhelmshaven
Aurich	–	21	26	33	16	34	32	37	34	52	51
Dornum	21	–	47	47	37	32	53	18	26	73	49
Emden	26	47	–	20	42	60	31	63	30	51	76
Greetsiel	33	48	15	–	43	67	46	63	21	66	84
Großefehn	10	21	36	43	–	44	22	47	44	42	61
Jever	34	34	60	67	44	–	66	29	58	86	17
Leer	32	53	31	46	22	66	–	69	66	20	83
Neuharlingersiel	37	18	63	63	47	29	69	–	43	89	44
Norden	34	26	30	21	44	58	66	43	–	81	85
Papenburg	52	73	51	66	42	86	20	89	81	–	103
Wilhelmshaven	51	49	76	84	61	17	83	44	85	103	–

Wasserwanderwege von insgesamt 400 Kilometern Länge, dazu 600 Kilometer zum Rad- und Fußwandern – kein Wunder, daß das Auto in Ostfriesland keine große Rolle spielt ...

Auto und Fahrrad Die **Arbeitsgemeinschaft Ostfriesisches Binnenland** hat eine Route für Auto- und Fahrradfahrer zusammengestellt, mit der sich das Land und die 16 schönsten Ferienorte Stück für Stück erschließen lassen.

Da nur nach **Borkum** und **Norderney** Autos mitgenommen werden können, die auch fast ausschließlich für die Anfahrt zur Unterkunft benutzt werden dürfen, empfiehlt es sich, das Auto in einer Garage oder auf einem Parkplatz am Fährhafenort zu lassen. **Spiekeroog** und **Baltrum** möchten Kollisionen zwischen Radfahrern und Fußgängern auf den schmalen Wegen vermeiden und bitten darum, das Rad zu Hause zu lassen. Die anderen Inseln verfügen über Fahrradverleihe.

Arbeitsgemeinschaft Ostfriesisches Binnenland
Postfach 1150
26633 Wiesmoor
Tel. 0 49 44/8 74, Fax 30 52 50

Öffentliche Verkehrsmittel Wer das Land mit öffentlichen Verkehrsmitteln kennenlernen will, muß schon genau planen und braucht außerdem den **Ostfriesland-Fahrplan**, den es bei den örtlichen Fremdenverkehrsvereinen und in einigen Reisebüros gibt.

Am besten ist es, sich nach Busrundfahrten zu erkundigen. Das Reise- und Verkehrsbüro Leer (Am Denkmal, 26789 Leer, Tel. 04 91/6 10 71) bietet Tagesfahrten, zum Beispiel die »Deutsche Fehnroute«, jeden Donnerstag an, aber es gibt auch drei, vier und sieben Tage dauernde Pauschalangebote.

Schiffe und Boote Wer sich Ostfriesland auf dem Wasserweg erschließen will, findet idyllische Wasserwinkel für sein Paddelboot im Nordwesten, kann sich aber auch mit Kanu oder Motoryacht auf die Reise begeben oder mit dem Segelboot auf den großen Binnenseen und in den Mündungen der Flüsse kreuzen. Dollart, Wesermündung und Jadebusen bieten eine Fülle von Möglichkeiten. Die Ostfriesen schätzen allerdings keine leichtsinnigen Freizeitkapitäne, die erschöpft auf einer Sandbank landen und von einem Rettungskreuzer geborgen werden müssen.

Der **Fremdenverkehrsverband Nordsee-Niedersachsen-Bremen** hat in einem Heft zum »Wassersport« nützliche Angaben für alle zusammengestellt, die mit dem Boot unterwegs sind. Man erhält das Heft bei allen örtlichen Fremdenverkehrsverbänden.

WILLKOMMEN IN OSTFRIESLAND

Hinfahren, gucken, bleiben – das geht auch in Ostfriesland nur noch außerhalb von Ferienzeiten und Feiertagen oder im Binnenland.

Außer Kurz- und Wochenend-urlaubern suchen die meisten Feriengäste in Ostfriesland die »anderen Unterkünfte«, und die sind zahlreich, sowohl auf den Inseln als auch an der Küste und im Land. Natürlich gibt es auch auf jeder Insel Hotels; außerhalb der Saison bieten sie manchmal sogar die einzige Übernachtungsmög-lichkeit. **Ferienhäuser und -woh-nungen** sind nicht immer bedeu-tend billiger, lassen aber mehr Freiheit im Tagesablauf, und wer Ferien mit Kindern macht, weiß diese Freiheit schnell zu schätzen.

Immer mehr Einrichtungen sind behindertengerecht und weisen auch darauf hin. Der stei-genden Nachfrage nach Einzel-zimmern ist ein akzeptables An-gebot gefolgt.

Günstige Privatzimmer und Pauschalangebote

Am günstigsten sind überall Privatzimmer, sie werden von 18 DM/Tag angeboten, gefolgt von Pensionen ab etwa 25 DM, Gasthöfen (ab 25 DM), Ferien-wohnungen (ab 30 DM) und Fe-rienhäusern (ab 45 DM).

Wer in der **Vorsaison** (nach Ostern) oder **Nachsaison** (bis zu den Herbstferien oder im Winter) kommt, kann versuchen, sich Preisnachlässe zu erhandeln.

Höhere Preise auf den Inseln

Wer auf den **Inseln** Urlaub macht, muß mit höheren Preisen rech-nen als der Binnenlandurlauber. Ebenso wer nur ein Wochenende bleibt, falls er überhaupt ein Zim-mer für nur eine Übernachtung findet. So bezahlt man für eine Nacht in einem Hotelbett auf **Juist** 50 bis 240 DM, auf **Spie-keroog** 50 bis 90 DM, im **Binnen-land** 30 bis 150 DM und in Aus-nahmefällen bis 170 DM.

Sehr unterschiedlich in Aus-stattung und Preis sind auch die **Ferienhäuser**. Für zwei bis vier Personen kann, wer rechtzeitig sucht, 50 DM pro Tag bezahlen, aber auch 100 und sogar 240 DM.

Ferien auf dem Bauernhof

Viele Fremdenverkehrsvereine haben Bauernhöfe in ihrem An-gebot. Es gibt aber auch noch überregionale Anbieter:
Arbeitsgemeinschaft Urlaub und Freizeit auf dem Lande
Horstweg 112
27386 Bothel
Tel. 0 42 66/29 60
Deutsche Landwirtschafts-gesellschaft
DLG Urlaubsservice
Eschborner Landstr. 122
60489 Frankfurt
Tel. 0 69/24 78 80

Mit eigener Unterkunft auf Achse

Ostfriesland verfügt zwar über viele Campingplätze, dennoch ist Reservierung angeraten, besonders auf den Inseln. Sonst muß der Urlauber damit rechnen, erst an der Fähre zu erfahren, daß »drüben« kein Platz mehr für ihn ist.

Die Plätze auf dem Festland sind häufig in Ortsnähe angelegt. Manche, zum Beispiel der Campingplatz Jümmesee bei Detern liegen inmitten von Ferienlandschaften, die vom Badestrand über den Spielplatz bis zum Lese-, Fernseh- und Aufenthaltsraum auf jedes denkbare Ferienwetter eingestellt sind. Der Campingplatz Timmeler Meer, einer der modernsten, wird von vielen Gästen auch als einer der besonders schönen gelobt. Auch Wintercamper finden in Ostfriesland noch eine große Auswahl an Standorten.

Übernachten im Heu

Übernachten ganz anders und zugleich ganz exquisit im Heu, das geht in Ostfriesland, wenn man auch mal zufaßt bei der Landarbeit. Pauschalangebote offeriert der Verkehrs- und Heimatverein Großefehn. Die Touristik-Information gibt nähere Auskünfte,Tel. 0 49 43/9 19 30, Fax 91 93 19

Hotels sind bei den einzelnen Orten im Kapitel »Sehenswerte Orte und Ausflugsziele« beschrieben.

Preisklassen ★★★

Die Preise beziehen sich auf ein Doppelzimmer mit Frühstück.
Luxusklasse ab 240 DM
Obere Preisklasse bis 240 DM
Mittlere Preisklasse bis 160 DM
Untere Preisklasse bis 60 DM

MERIAN-TIP

Wer seinen Urlaub oder ein Wochenende nicht langfristig planen mag oder auch mal kurzentschlossen für ein Wochenende losfahren will, ohne einen Tag mit Zimmersuche zu verbringen, kann sich jetzt des elektronischen Touristischen Informationssystems bedienen. Das **Telematikzentrum Norden** mit Informationen über ca. 70 Unterkünfte vom Privatzimmer bis zum guten Hotel an der Küste, zu erreichen nur unter www.tmz.de/fis.htm. Für Unterkünfte auf Baltrum www.tmz.de/baltrum/frei.htm oder rund um die Uhr: Tel. 0 49 31/92 23 55 ■ B 2

Deftig, kräftig und nahrhaft ist die ostfriesische Küche – denn genau so mußte sie früher sein, um die Menschen für die Arbeit bei Wind und Wetter zu stärken.

Speisekarten und Kochbücher pflegen mit der Suppe zu beginnen, fangen wir also mit der **Bohntjesopp** an. Allerdings wird diese Suppe an- und nicht aufgesetzt: Rosinen werden in Branntwein eingelegt, nach drei Tagen wird gelöster Kandis darunter gerührt, und schon kann man die Bohntjesopp aus dem **Branntwienskoppke** – einer henkellosen Teetasse – löffeln oder schlürfen, denn es handelt sich, wie Sie vielleicht schon gemerkt haben, weniger um eine Suppe als um ein Art Nationalgetränk, das zu allen ostfriesischen Feierlichkeiten, unumgänglich aber zu Hochzeiten und Kindstaufen gehört.

Eintopfgerichte aus der guten alten Zeit

Die ostfriesische Küche entdeckt ihre Tradition wieder, nicht unbedingt im Restaurant an der Ecke, aber sowohl im Supermarktregal als auch im renommierten Restaurant werden Spezialitäten von früher wieder angeboten. Früher, das ist die Zeit, als es in der ländlichen Küche nur eine Feuerstelle gab und Eintopf

Gemütliche, schmucke Gasthöfe und Restaurants – etwa der Sielhof in Neuharlingersiel – laden überall in Ostfriesland und auf den Inseln zu Panne Fis oder Sniertjebraa ein.

am einfachsten zuzubereiten war. Zum Beispiel **Karmelkbree,** der Buttermilchbrei, oder **Görtmelkbree,** der Grützmilchbrei (Gört sind Graupen). Die Graupen werden eingeweicht, gewaschen und dann mit Wasser etwa eine Stunde weichgekocht. Dann gibt man Milch und etwas Salz dazu und läßt den Brei noch etwa eine Stunde lang sämig kochen. Gewürzt wird mit Sirup oder Zucker. Beide Speisen werden gern als Vorspeise zu **Tuffels, Flesk und Stipp** (Kartoffeln, Fleisch und Soße) gereicht.

Bei Ostfriesen zu Gast

Riesbree (Milchreis mit Rosinen), **Rebbedi** (Mehldick), Milchsuppe und Roggenmehlflupp kommt sicher einmal auf den Tisch, wenn Sie bei Ostfriesen zu Gast sind. Rebbedi hat den Vorteil, daß man es in wenigen Minuten zubereiten kann, und vermutlich wird es wohl auch darum »Laiwievenkost« (Faule-Frauen-Kost) genannt.

Ein ziemlich deftiges, original ostfriesisches Gericht, das man auch in vielen Gastwirtschaften findet, ist der **Sniertjebraa,** früher Höhepunkt jedes Schlachtfestes, für Freunde und Gäste zubereitet. Er besteht aus Nacken- und Schulterbraten vom Schwein, in Schweinefett oder Butter angebraten und mit ganzen Zwiebeln geschmort. Die Soße wird mit Mehl und Sahne gebunden – da ist es klar, daß man zur besseren Verträglichkeit dann auch einen Klaren braucht.

Wild, Geflügel und Fleisch

In der Nähe der Deiche und in der Geest (und in renommierten Gasthäusern auch auf mancher Insel) werden auch Deichlammrücken, Lammkeule und Hammelbraten angeboten. Wer Ostfriesland für ein Fischland hält, wird angesichts zahlreicher Wild- und Geflügelgerichte eines Besseren belehrt.

Im Rheiderland und in und um Leer herum findet sich wieder **Pökelfleisch** auf den Speisekarten. In vielen Familien ist es beliebtes Weihnachtsessen – überhaupt dann, wenn viel Besuch kommt.

Mancher wird, eher an der Küste, **Labskaus** probieren. Welche Landratte, so sie keine ostfriesische ist, weiß schon, daß das Lieblingsgericht der Fischer auch ein Pökelfleischessen ist? Mit rohen Zwiebeln wird das Fleisch, das man anderthalb Stunden hat ziehen lassen, durch den Fleischwolf gedreht und dann mit gestampften Kartoffeln und Brühe sämig eingekocht und mit Salz und Pfeffer abgeschmeckt. Salzheringe und rote Bete können, müssen aber nicht in die Masse gegeben werden. Aber dazu ißt man sie dann auf jeden Fall.

Frische Fische überall

Und damit sind wir beim Fisch angelangt. Frische Seefische gelangten früher nur an der Küste regelmäßig auf den Tisch, und geräucherte kamen spät in Mode.

Somit waren für die Küche nur eingesalzene Fische von Bedeutung. Aus Emden stammt heute noch ein großer Teil der **Matjesheringe**. Matjesheringe in Sahnesoße mit Pellkartoffeln und grünen Bohnen gelten hier als Delikatesse. Und wenn jemand statt saurer Sahne Joghurt nimmt – nun ja, dann muß der das wohl.

Makrelen und **grüne Heringe** werden gebraten und mit Zwiebelstipp angeboten, **Hecht** gedünstet und gebraten, **Aal** gebraten, blau (mit Essig) oder grün gekocht. **Scholle** wird nicht nur gebraten wie überall, sondern besonders in den Sielorten an der Küste auch »im eigenen Saft« und mit Senfsoße serviert. Vielleicht finden Sie hier auch eine Gelegenheit, **Klippfisch** zu probieren, aber die dürfte selten sein. Der **Pfannfisch**, den Sie im Restaurant bekommen, ähnelt dem bekannten ostfriesischen **Panne Fis**, bei dem Resteverwertung als Fischomelett auf den Tisch kommt, nur dem Namen nach. Meist bekommen Sie köstliche Stücke unterschiedlicher Fischsorten.

Muscheln werden meist exportiert

Miesmuscheln, die in Mengen in der Nordsee gedeihen, werden in erster Linie exportiert, nach Belgien, Frankreich und auch ins Rheinland. Den Ostfriesen wird nachgesagt, daß sie sie so wenig schätzen wie Pilzgerichte. An der Küste jedoch und in den Sielorten, gelegentlich auch in einem Inselrestaurant, werden Sie köstliche Muschelragouts finden und gelegentlich auch einen Muschelsalat. Für saure Muscheln werden die Gewürze mit Essig verrührt, dazu schmecken Bratkartoffeln hervorragend.

In den Küstenorten werden Sie kaum darauf verzichten können, frische **Krabben** zu essen. Schnell wird Ihnen auffallen, daß in der Preisspalte der Speisekarten bei Krabben eine Lücke gähnt. Nicht, weil es gerade keine gibt, sondern weil die Tagespreise vom jeweiligen Fang abhängig sind. Man häuft sie auf einem ostfriesischen Schwarzbrot zu einem Berg und gibt ein lockeres Rührei darüber.

Krabben natur: Fürs »Pulen« brauchen die meisten Landratten schon etwas Zeit, wodurch sich allerdings auch der Genuß verlängert – und der ist einfach unvergleichlich.

Tee zu jeder Tageszeit

Vor lauter Essen sollte man die Getränke nicht vergessen, und das Hauptgetränk ist keineswegs das ostfriesische Bier, sondern natürlich der Tee, den man immer trinken kann: zum Frühstück, den **Elfürtje** (Elf-Uhr-Tee), nach dem Essen, am späten Nachmittag und eventuell am Abend.

Die Zubereitung ist unumstritten. Die Ostfriesenmischung (meist Assam-Tee, dem Ceylon- und Sumatra-Tees beigemischt sind) kommt in die vorgewärmte Kanne – für jede Tasse und für die Kanne jeweils ein Löffel voll –, das sprudelnd heiße Wasser wird darüber gegossen, so daß die Blätter bedeckt sind, und erst, wenn der Tee drei bis fünf Minuten gezogen hat, wird soviel Wasser wie notwendig nachgegossen. In die Tasse mit der Ostfriesenrose kommt ein **Kluntje** (Kandis), der leise zerspringt, wenn der Tee darüber gegossen wird, und obendrauf ein **Wulkje**, das Wölkchen Rahm, das nicht umgerührt wird! Wozu es dann den Teelöffel gibt? Den stellt man nach drei Tassen in die Tasse zum Zeichen dafür, daß es reicht.

Natürlich gibt es noch andere Getränke, aber keins hat ähnlichen Ruhm erreicht. Fast 200 alkoholische Getränke tragen Namen, die andeuten, woher sie kommen, wie der **Seehund**, hinter dem sich Weißwein mit Arrak verbirgt, und einige klare Schnäpse.

Restaurants sind bei den einzelnen Orten im Kapitel »Sehenswerte Orte und Ausflugsziele« beschrieben.

Preisklassen ★★★

Die Preise beziehen sich auf ein Hauptgericht.
Luxusklasse ab 35 DM
Obere Preisklasse bis 35 DM
Mittlere Preisklasse bis 25 DM
Untere Preisklasse bis 15 DM

Ob Sie ein friesisch herbes Pils bevorzugen oder den ganzen Tag lang Teetied – Zeit für Tee – pflegen, ist Ihre Entscheidung. Die Kneipen in Greetsiel bieten beides.

Maritimes in jeder Form, Teepäckchen mit allem nur erdenklichen kulinarischen Zubehör oder Sand und ein paar Muscheln – Mitbringsel gibt es für jeden Geschmack und Geldbeutel.

Man bekommt, was man braucht (manchmal auch das, was man zu Hause nie gebraucht hätte), und dazu das eine oder andere Souvenir für die Daheimgebliebenen: Buddelschiffe in verschiedenen Ausführungen und Holzpantinen, die hier **Klumpen** genannt werden, Seemannstroyer, Norwegerpullover (!), Wettermelder und Fischerhemden, Wollschafe und Pelzrobben, Messingschnickschnack aus vermeintlichem Schiffszubehör und Muscheln, die wer weiß woher kommen, aber ganz sicher nicht aus der Nordsee. Und das alles wird den Besuchern nicht nur auf den Inseln, sondern auch in jedem Küstenbadeort angeboten.

Köhm und Kluntjes für zu Hause

Köhm, Kluntjes und Ostfriesentee bekommt man überall auf dem Land im Laden nebenan. Aber dann gibt es überall das kleine Teegeschäft, das solche Dinge liebevoll verpackt und als Geschenk zurechtmacht, es auch nachschickt. Ob als klassisches Urlaubsmitbringsel, Geburtstagsgeschenk oder als Gute-Nacht-

Bunte Urlaubserinnerungen: Die ostfriesische Variante der Holzschuhe – Klumpen genannt – ist ein gerngekauftes Souvenir. Wie es mit dem Fußkomfort bestellt ist, müssen Sie selbst testen ...

Gruß, der Wettbewerb der Teehändler hat eine Fülle von hübschen und kitschigen Ideen entstehen lassen, bei denen unterschiedliche Teesorten mit Gebäck, Honig und Marmelade, Kandis und Eierbechern, Silberlöffeln oder Teetassen aufwendig arrangiert werden.

Ostfriesische Gaumenfreuden als Mitbringsel sind überhaupt sehr beliebt. Das kann der schwere Schneckenkuchen vom einheimischen Bäcker sein, der Honig oder die Sanddornmarmelade. Oder **Pfeffermakrelen**, die der Norddeicher Fischer Johann von der Ohe erfunden und berühmt gemacht hat. Vor der Bäckerei de Buhr in der Heseler Mühlenstraße stehen an Backtagen Autoschlangen mit Schwarzbrotinteressenten aus der Umgebung. Das ostfriesische **Schwarzbrot**, pumpernickelartig mit harter Kruste, sorgte und sorgt für die nötige Kraft für den Arbeitsalltag. **Krintstut**, ein Rosinenstuten oder feines Weißbrot, kann zu Hause helfen, die Urlaubserinnerungen aufzufrischen. Im ostfriesischen Kochbuch stehen Rezepte zum Nachkochen, auch von Gerichten, die der Urlauber in keinem Restaurant bekommen hat.

Gummistiefel für die Wattwanderung kaufen nur diejenigen, die es nicht besser wissen. Alte Turnschuhe eignen sich viel besser. Den **Ostfriesennerz**, die gelbe, schweißtreibende Öljacke, darf man ruhig hängen lassen. Nicht nur, weil es auch in Ostfriesland nicht ständig regnet – nur öfter –, sondern weil Pfiffige dies unpraktische Kleidungsstück längst gegen luftdurchlässige Kleidung getauscht haben. Die Mütze gegen den Wind gibt es überall auf den Inseln zu kaufen.

Und wer nichts findet und doch etwas mitnehmen möchte? Ein paar Muscheln vom Strand oder der gefundene Tintenfischschulp kosten nichts.

MERIAN-TIP

Auf dem Erdbeerhof Janssen in Wittmund wird ab Hof verkauft, und bei **Bauernmärkten** wird die neue Ernte angeboten. Wer durch das Land fährt, wird mittlerweile allerdings auch an anderen Orten mit Schildern an den Straßen zum Anhalten und zum Kauf von Landesprodukten verführt. Das beginnt mit Spargel im Mai und setzt sich fort mit Erdbeeren im Juni, Himbeeren im Juli, Äpfeln im September und Kartoffeln im November. In den Kämpen 5, Tel. 0 44 62/60 96, Mai–Dez. Mo–Sa 8–12 und 15–18, So 10–22 Uhr ■ D 3

Paradiesisch finden Ihre Kinder Ostfriesland wahrscheinlich schon am ersten Urlaubstag – und das nicht nur am Strand oder auf dem Bauernhof. Und damit sind dann auch die Eltern glücklich ...

Natürlich sind für alle Kinder in erster Linie die eigentlich überall schönen Strände auf den Inseln reizvoll. Und im Sommer, nicht nur bei schönem Sonnenwetter, sind alle die reinsten Spielplätze, und man braucht nicht viel mehr als Schaufel und Eimer, die Muscheln, die man findet, die Brandung, die von allein kommt, und Eltern, die dann nicht stören. Die notwendigen Kontakte ergeben sich von allein, ebenso die Phantasie für immer neue alte Spiele. Wichtig an Sonnentagen: eine Kopfbedeckung, möglichst T-Shirt und eine Sonnencreme mit hohem Lichtschutzfaktor (ab 15), da die UV-Strahlung am Strand sehr hoch ist.

Besuche auf dem Meeresboden

An der Küste und auf den Inseln ist es gleichermaßen spannend, auf den geführten **Wattwanderungen** den Grund des Meeresbodens zu erkunden, zu sehen, wie selbst dort Flüsse sich ihre Betten bahnen und daß es unter dem matschigen Boden noch eine Menge gibt, was dort krabbelt, sich versteckt und auf die nächste Flut wartet.

Küsten- und Inselorte bieten Tagesausflüge zum nächsten Ufer und zur nächsten Insel an, wo es immer wieder Neues zu entdecken gibt. Überall sind längst gutausgestattete **Spielplätze** und **Spielhäuser** entstanden. Ist es zu kühl, rollen warme Wellen in den Schwimmbädern.

Auf kleine Gäste sind die meisten Ferienorte heute eingestellt, das heißt, Kinderteller mit witzigen Namen und kleinen Portionen muß man kaum noch suchen.

Zu Gast in der Vergangenheit

Heimatmuseen an vielen Orten ähneln oft großen Puppenstuben aus einer anderen Zeit. Und überall liegen Schiffe von gestern, auf denen man neugierige Fragen stellen darf.

Pferde und Schafe vor der Tür

Erlebnisse, die es zu Hause nicht gibt, bieten die Bauernhöfe im Binnenland. Aber auch die kleinen Ferienorte an den Binnenseen geben sich alle Mühe, die künftigen Feriengäste beizeiten mit sportlichen und spielerischen Angeboten zu verwöhnen.

Die Kindereinrichtungen sind bei den jeweiligen Orten erwähnt, es sind zu viele, als daß sie hier im Zusammenhang aufgezählt werden könnten. Daher hier nur eine kleine Auswahl.

Buddelschiffmuseum ■ D 2

In Neuharlingersiel, an der Westseite des kleinen Hafens, hat aus-
gerechnet ein Binnenländer aus
Bochum eine Sammlung maritimer
Kostbarkeiten zusammengetragen,
die bestimmt nicht nur Kindern
Spaß machen. Das fängt mit dem
prähistorischen Einbaum an und
geht bis zum U-Boot unserer Zeit.
Am Hafen West 7
Tel. 0 49 74/2 24
27. Dez.–Mitte Jan., Mitte Feb.–Nov.
Mi–Mo 10–13 und 14–18 Uhr

**Kinderferienparadies
Ernst-August-Polder** ■ B 3

Hier kann man seine Kinder von 6
bis 15 Jahren in den Ferien getrost
bei Pferden, Mal- und Bastelstun-
den lassen – und sich darauf verlassen, daß kein Erwachsener ihnen
fehlt, mag er noch so lange allein
sein wollen.
Frieda und Marie Luise Steffens
Domäne
Ernst-August-Polder
26506 Norden-Neuwesteel
Tel. 0 49 31/1 25 75

Malschule Emden ■ b 1, S. 57

Während der Sommerferien können
Eltern und Kinder die Kunsthalle mit
angeschlossener Malschule erleben
und sich inspirieren lassen: Ostfriesland wird mit Pinsel, Stift
und Zeichenbrett festgehalten.
Daneben gibt es Freizeitangebote
wie Touren per Fahrrad und Boot,
Orgelkonzerte, Burgbesichtigungen
und anderes, das Spaß macht
(→ S. 57).
Hinter dem Rahmen 5 a
Tel. und Fax 0 49 21/97 50 40

TOPTEN 7

Zoo Rechtsupweg ■ C 3

Im Brookmerland warten Lamas,
Vierhornschafe, Emus, Affen und
Zwergziegen auf Bewunderer.
Tgl. 9–18 Uhr
Tel. 0 49 34/13 45

*Für viele Jungen und Mädchen
sind Sand, Sonne und Wasser
Ferienspaß pur – fehlen höch-
stens noch ein paar Spiel-
gefährten. Aber davon gibt's
auch auf Juist genug.*

Führend in Sachen Sport sind die Inseln. Doch auch die ostfriesische Halbinsel ist ein wahres Dorado für passionierte Wanderer und Radfahrer.

Ein Urlaub in Ostfriesland ist ganz ohne Sport gar nicht denkbar. Manche kommen überhaupt nur hierher, weil es sich kaum irgendwo so unendlich lange und ungestört fahrradfahren läßt, weil man stundenlang am Deich entlangwandern kann, weil das ganze Land sich per Boot erkunden läßt. Oder weil es hier Sportarten gibt, die man in keiner anderen Gegend kennt, auch wenn ausgewanderte Friesen und Oldenburger versuchen, sie sogar in Berlin und anderswo heimisch zu machen: das Klootschießen und Boßeln. Wichtig ist, daß man beides nicht miteinander verwechselt oder es gar für dasselbe hält.

Klootschießen: etwas für kalte Tage

Das Klootschießen ist eine reine Winterveranstaltung. Der Spaß war Ernst, als Kloote noch Waffen waren – vor ca. 2000 Jahren. Aus feuchter Erde wurden Kluten geformt, am Feuer gehärtet und zur Abwehr geworfen. Die späteren Spielkugeln bestanden zunächst aus gebranntem Lehm, ihre Weiterentwicklung aus Apfelbaumholz, kreuzweise durchbohrt und mit Blei ausgegossen.

Eiskaltes Vergnügen:
Im Winter sind die zugefrorenen Kanäle ideal
zum Schlittschuhlaufen.

Zum Klootschießen braucht man zwei Mannschaften, die darin wetteifern, den 475 Gramm schweren Kloot möglichst weit zu werfen. Ein unparteiischer Bahnweiser geht vor und zeigt mit einer Fahne an, wo fester Boden ist, damit der Kloot nicht in den Sand fällt, in dem er ja nicht weiterrollen würde.

Ferienangebot Boßeln

Ein ganz ähnliches, aber mehr dem Sommer vorbehaltenes Kugelspiel ist das Boßeln. Der Schnaps zwischendurch soll die Spieler lockern. Das Klootschießen endet zur Verblüffung der Urlauber mit einem Teeabend. Das Winterboßeln mit Touristen meist mit Grünkohlessen und noch mehr Schnaps.

Es gibt noch mehr »Sportarten«, die man anderswo nicht kennt, die in Ostfriesland aber nicht von Einheimischen betrieben werden, sondern als Rache der Ostfriesen und Weiterentwicklung der Ostfriesenwitze anzusehen sind. Sie werden hauptsächlich Urlaubern als Gruppenbeschäftigung angeboten, und erfolgreiches Bestehen wird mit diversen Zertifikaten vom Torfstechen mit Diplom bis zum Krömerei-Diplom, zur Pulstock-Olympiade und zum »Ostfriesenabitur« belohnt. Der Urlauber muß dabei seine Fertigkeiten im Besenwerfen, beim Melken einer Holzkuh, Krabbenpuhlen, Grabenüberspringen und Bohntjesopptrinken unter Beweis stellen.

Frischer Wind fürs Handicap: Norderney ist die einzige ostfriesische Insel, die sich eines (Dünen-)Golfplatzes rühmen kann.

Angeln

Ostfriesland ist ein ideales Angelrevier. Für das Angeln in Festlandgewässern wird der Besitz eines Sportfischereischeins vorausgesetzt. Bei Gemeindeverwaltungen und Fremdenverkehrsvereinen und beim Bezirksfischereiverband für Ostfriesland gibt es Gasterlaubnisscheine.

Keinen Sportfischereischein braucht man für das Angeln in Küstengewässern, also vor den Deichen und auf den Inseln; bei den Gemeinde- oder Kurverwaltungen der Küstenorte und Inseln erfährt man, ob man eine Gästekarte braucht. In den Sielorten kann man gelegentlich an Kutterangeltouren teilnehmen, die durch Aushang bekanntgegeben werden.

Bezirksfischereiverband für Ostfriesland e. V.
Verbindungsschleuse
Tel. 0 49 21/2 55 75

Drachensteigen

Wo immer Wind weht, kann man herrlich Drachen steigen lassen, und natürlich gibt es in Ostfriesland sogar eine Drachenmanufaktur. Wer lange genug mit seinem Windflüchter trainiert hat, kann sich auch beim Greetsieler Drachenfest im Spätherbst sehen lassen.

Fliegen

In Aurich findet während der Sommerferien in Niedersachsen Segel- und Motorseglerschulung statt. Auskunft bei Bakenhus, Tel. 0 49 41/28 46.

Auf Juist können Jugendliche nach einem bundesweit einmaligen pädagogischen Konzept lernen, mit einem Motorsegler umzugehen.

Aus der Vogelperspektive sollen die Schüler einen Blick für die ökologischen Belange von Küsten- und Wattenraum bekommen. Auskunft bei Jugendbildungsstätte Theodor Wuppermann, Tel. 0 49 35/2 13.

Golf

Golf heißt in Ostfriesland und auch auf den Inseln eigentlich Minigolf. Auf Norderney allerdings gibt es einen 9-Loch-Dünen-Golfplatz (Tel. 0 49 32/6 80).

In Wiesmoor liegt auf einer Fläche von 65 ha Ostfrieslands erster 18-Loch-Golfplatz. Das »Golfangebot« erhalten Sie bei:

Hotel Friesengeist   ■ D 4
Am Rathaus 1
26639 Wiesmoor
Tel. 0 49 44/10 44
Fax 0 49 44/53 69

Reiten

Zahlreiche Reit- und Fahrvereine mit eigenen Turnieren gibt es in Ostfriesland, und das bekannteste ist sicher das von Timmel (Gemeinde Großefehn) in der dritten Augustwoche. Und wer reiten möchte, auch dort, wo keine Reitschule besteht, kann sich an den örtlichen Reitverein wenden. Ferien auf dem Bauernhof ermöglichen in vielen Fällen ebenfalls die nähere Bekanntschaft mit Pferden, selbst dann, wenn keine ausgesprochenen Reiterferien angeboten werden. Auf den größeren der Inseln gibt es Reitställe, die Anfänger und Fortgeschrittene gern sehen, gelegentlich auch Boxen vermieten.

Aurich   ■ C 3
Reitverein Aurich
Grüner Weg 67
Tel. 0 49 41/21 77

Reitverein Birkenhof
Am Reitplatz 8
Tel. 0 49 41/6 24 30

Bunde ■ B 5/B 6
Reithalle Bunderhee
Steinhausstr.
Tel. 0 49 53/13 37

Esens ■ D 2
Reithalle Norder Straße
Tel. 0 49 74/6 00

Reiterhof Gründeich
Tel. 0 44 62/44 98

Krummhörn ■ A 3/B 4
Pferdesportverein Krummhörn e.V.
Tel. 0 49 26/14 04

Leer ■ C 5
Lindena
Suckowsweg 2
Tel. 04 91/6 19 66

Neuharlingersiel ■ D 2
Reitstall Carolinenhof
Reiterpension für Mädchen
Tel. 0 49 74/8 79

Norden/Norddeich ■ B 2
Reit- und Fahrverein Norden
Reithalle Bargebur
Tel. 0 49 31/16 76 43

Segeln und Surfen

Auf allen Inseln sowie in den Küstenorten, an den Binnenseen, die die
Ostfriesen Meere nennen, kann man
segeln und surfen, oft beides, lernen, dann auch das Zubehör auslei-
hen. Einschränkungen bestimmt
die Nationalparkverordnung Niedersächsisches Wattenmeer.
    Von Borkum aus kann man zu
Hochseetörns starten. Ostfriesland
hat aber auch eine Fülle versteckter
Wassersportreviere auf den Flüssen
und vielen Kanälen.

Wattwandern

Wattwanderungen gehören für
Landratten zu den faszinierendsten
Unternehmungen am Meer. Wenn
Sie Ihre Ferien an der Küste oder
auf einer der ostfriesischen Inseln verbringen, lassen Sie sich
also auf keinen Fall eine Wattwanderung entgehen. Sie werden staunen, welche Schätze der Wattführer
für Sie aus dem Meeresboden gräbt,
und sicher auch darüber, daß sogar
unter dem Meer nicht nur plattes
Land liegt, sondern eine Landschaft
mit Flüssen und Strömen. Sie sind
es übrigens auch, die den unkundi-
gen Touristen, die allein im Watt
unterwegs sind, die Orientierung
erschweren und Wege abschneiden,
also in Lebensgefahr bringen können. Gehen Sie deshalb bitte nie
ohne kundigen Führer, weil kaum
jemand die Gefahren richtig ein-
schätzt.

TOPTEN
2

Strände

Ostfrieslands schönste Strände
liegen zweifellos auf den Inseln:
Klein, aber fein ist der auf Baltrum,
und seine Breite schwankt mit den
Gezeiten, schrumpft bei Hochwasser auf knapp hundert Meter Breite
– aber was für ein Sand!
    Genau genommen ist es vermes-
sen, die Strände miteinander zu
vergleichen. Wer die hohen Dünen
von Spiekeroog liebt, wird sie nicht
gegen den langen flachen Strand
von Wangerooge eintauschen wollen, eher Norderney mögen, vielleicht auch Langeoog – Sie müssen
schon selbst entscheiden. Und lassen Sie sich zur Strandgymnastik
verführen, die es im Sommer auf
allen Inseln gibt.

Hafenfeste, Schützenfeste, Stadtfeste – die Ostfriesen feiern oft und gerne. Am berühmtesten ist der Gallimarkt in Leer.

Wenn in der Dämmerung unzählige Feuer auf dem flachen Land brennen, dann ist Ostern in Ostfriesland. Das **Hikken-Bikken** findet zu Hause statt. Zwei gekochte, gefärbte Eier werden mit den Spitzen aneinandergestoßen und Sieger ist der, dessen Ei heil geblieben ist. Mit etwas Glück können Ostergäste auch beim **Eiertrüllen** zuschauen. Von den Auricher Eierbergen oder sonst vom Deich, werden Ostereier heruntergerollt, und Sieger ist der, dessen Ei am weitesten trüllt.

Bunt und fröhlich geht es zu beim Hafenfest in Norddeich. Unumstrittener und höchst fotogener Höhepunkt ist die Krabbenkutterparade.

Maibäume stehen überall

Das Maibaumsetzen oder -aufstellen ist ebenfalls überall im Land und auch auf den Inseln üblich. Frisch geschlagene Birken werden mit einem Kranz aus Tannengrün aufgestellt, nur auf Norderney und Borkum ist das anders: In Norderney gibt es einen Insel-Pfingstbaum, und auf Borkum gibt es zwar einen Maibaum, aber auch der wird erst am Sonnabend vor Pfingsten errichtet. Die Nachbildung eines Schiffsmastes wird dabei mit jungem Grün von Birken und Erlen geschmückt. Als Mastkorb dient ein Weidenkorb, in dem ein Hahn drei Tage lang ausharren muß. Wasser und Körner bekommt er

mit auf seinen Ausguck. Kräht er laut, wird das von den Insulanern als gutes Vorzeichen für die beginnende Saison gewertet. Die Rückgabe des Hahnes (meist ist er heimlich entwendet worden) an seinen Besitzer ist Anlaß zu feuchtfröhlichen Feierstunden.

Brautpfadlegen

Am Tag vor Himmelfahrt ist an manchen Orten, so in Dornum oder Großefehn, noch das Brautpfadlegen Brauch, das auf eine ostfriesische Sage zurückgeht. An seinem Hochzeitstag wurde der Liebste der Tochter des Grafen Cirksena von einem Nebenbuhler in Aurich erschlagen, und der Schmerz darüber tötete die Braut an der Bahre. Den Weg des Totenzuges haben, so erzählt die Sage, Kinder mit einem Blumenteppich geschmückt, und dasselbe geschieht heute noch: Aus Blumen und Blättern werden Bildmotive gelegt.

Die Costa Granata feiert

Der Sommer ist die Zeit der Hafen- und Stadtfeste, aber auch der Dorfgemeinschaftsfeste, zu denen Gäste willkommen sind. Von Greetsiel über Norddeich bis Neuharlingersiel, eben an der Costa Granata, wie die Einheimischen spötteln, kann man die frisch geschrubbten und über die Toppen geflaggten Kutter sehen, besichtigen oder auch mit ihnen aufs Meer fahren. Und überall gibt es Fisch und Krabben (natürlich Granat) zu essen und ausreichend zu trinken. In diesem Zusammenhang darf das **Wilhelmshavener Südstrandfest** nicht vergessen werden. Zum sommerlichen Veranstaltungsprogramm gehören auch Diavorträge über das Wattenmeer, naturkundliche Führungen und Ortsrundgänge.

Kleine Stärkung beim Stadtfest in Norden.

OSTFRIESLAND ERLEBEN

Seit dem 16. Jahrhundert wird in Esens im Juli ein großes Schützenfest gefeiert, zu dem auch die Urlauber von der Küste kommen. Berühmter ist allerdings der **Gallimarkt in Leer**, der als ostfriesisches Oktoberfest gilt, und die Kinder haben schulfrei. Städtische Herolde verkünden von der Rathaustreppe die Eröffnung, und dann darf fünf Tage lang gefeiert werden.

In **Wiesmoor** endet der Sommer seit mehr als 40 Jahren mit dem **Blütenfest**. Berühmte Gärtnereien staffieren mit unendlich vielen Blüten einen Korso aus, die Blütenkönigin wird gewählt, und Jahr für Jahr erleben Urlauber das Spektakel auf der Freilichtbühne, das mit einem Feuerwerk endet.

Unfromme Wünsche

Ein Fest besonderer Art wird am 5. Dezember, am Vorabend des Nikolaustages, auf **Borkum** begangen, es heißt **Klaasohm**. Vermummte Gestalten treffen sich vor dem Dorfhotel, tollen herum und machen sich einen Jux. Dieses einzigartige Fest wird auf die Verehrung des heiligen Nikolaus als Schutzpatron der Matrosen, Piraten und Strandräuber zurückgeführt, die beteten, der heilige Nikolaus möge die fremden Schiffe vor ihrer Küste kentern und die eigenen sicher vom Walfang zurückkehren lassen. Wenn die Seeleute im Dezember nach einem Dreivierteljahr auf See auf ihre Insel zurückkamen, wurde erst einmal tüchtig getrunken.

Am befremdlichsten sind Urlaubern aus anderen Gegenden und Ländern Veranstaltungen der friesischen Nationalsportarten **Klootschießen** und **Boßeln** (→ Sport und Strände). Das eine eine Sommer-, das andere eine typische Wintersportart, die mittlerweile Ostfriesen und ihre Gäste auch in anderen Landesteilen ausüben. Ob in Ostfriesland, Oldenburg oder Berlin, es ist schwer auszumachen, ob diese Veranstaltungen zu Festen oder sportlichen Aktivitäten zu rechnen sind.

Eindeutiger zuzuordnen sind dagegen die vielen musikalischen Veranstaltungen, die keineswegs nur die Urlaubszeit von Sommergästen verschönen wollen. Die Orgellandschaft Ostfriesland verfügt zusammen mit der niederländischen Nachbarprovinz Groningen über einen ebenso berühmten wie unvergleichlichen Instrumentenschatz, der Experten und Studenten von Japan bis USA anzieht.

Der **Orgelsommer** bietet auch denen ein reichhaltiges Programm, die nicht die Gelegenheit haben, im Gebiet Greetsiel-Krummhörn einige der berühmtesten Instrumente zu hören; in Rysum, Uttum, Marienhafe, Dornum, Weener und Norden stehen die renommiertesten Exemplare.

*Traditionelle Arbeit
in traditioneller Tracht:
Beim Dorffest in Marienhafe
wird alte Handwerkskunst
lebendig gehalten.*

März/April
Osterfeuer
Kaum ein Ort in Ostfriesland, in dem, meist am Ostersonnabend, nicht ein aufgeschichteter Reisighaufen brennt. Viele zieht es dann an die Küste, wenn man in der Dämmerung die Feuer auf den Inseln flackern sieht.

Greetsiel
Am Ostermontag diskutieren jedes Jahr Künstler im Haus der Begegnung, eine zwanglose Zusammenkunft, »um der Bedeutung Greetsiels als Künstlerort gerecht zu werden«, schreibt das Verkehrsbüro.

Mai/Juni
Oll' Mai
Ein Nationalfeiertag, der an Einheit und Freiheit der Friesen seit über 700 Jahren erinnert. Früher trafen sich die Vertreter der Friesischen Republiken an der Thingstätte Upstalsboom, heute feiert man mit Vorträgen und Wettspielen. In Aurich. 10. Mai.

Maibaum- oder Pfingstbaum- aufstellen
Das ist der Job der Einheimischen, Gäste dürfen zusehen und anschließend mitfeiern, sich auf Borkum eventuell beim Maibaumsingen beteiligen.

Pfingstmarkt
In Bunde, Carolinensiel und Norden erfreuen die ersten Jahrmärkte der Saison die Besucher aus dem Umland und die Touristen, die bei noch unbeständigem Wetter gerne eine solche Abwechslung suchen.

Großefehner Mühlentage
Ein kleines Volksfest, zur Demonstration der Bräuche und zum Vergnügen der Gäste. Am dritten Mai-Wochenende.

RHODO in Westerstede
Die fünfte Jahreszeit, die Blüte des Rhododendron, wird hier jedes Jahr gefeiert. Aus dem Umkreis kommen Menschen in Bussen, um die Pracht zu bewundern.

Juli
Ostdorffest und Westdorffest auf Baltrum
Sie finden in den Sommerferien statt, und es sind zwei Feste, damit keiner einen langen Weg hat.

Stadtfest in Emden
Am Wochenende vor den Sommerferien beginnt das Volksfest, das sich die Feriengäste aus den umliegenden Orten kaum entgehen lassen. Und wenn das Fest zu Ende ist, fahren auch die Emder in Urlaub.

Schützenfest in Esens
Am zweiten Wochenende im Juli füllt sich der große Marktplatz mit Tausenden von Schützenbrüdern und -schwestern aus dem norddeutschen Raum.

Greetsieler Woche
Kunst- und Handwerkermarkt, Zylindermacher, Senfhersteller, Stövchenmacher, Pfeifenmacher, Hufschmiede, Edelsteinschleifer und Bonbonmacher kann man in dieser Fülle eigentlich nur hier bestaunen.

Dorffest, Wattenregatta und Regattaball auf Langeoog
Sorgen für Unterhaltung und Abwechslung in den Sommerferien.

Krabbenkutterregatta in Neuharlingersiel
Ein Volks-, Futter- und Augenfest rund um den ohnehin schon malerischen Hafen.

Hafenfest in Norden
Feriengäste aus nah und fern treffen sich mit den Einheimischen.

Orgelsommer in Sillenstede
Mit zahlreichen Konzerten bis Ende August. Informationen: Bürgerhaus Schortens, Weserstraße 1, 26419 Schortens; Tel. 0 44 61/8 01 98, Fax 0 44 61/89 01 10

Wochenende an der Jade in Wilhelmshaven
Das Volksfest mit künstlerischen Darbietungen dauert vom ersten Mittwoch im Juli bis zum Sonntag.

August
Stadt- und Schützenfeste
An fast allen Orten, und das heißt, daß halb Ostfriesland jetzt, vor allem an den Wochenenden, zum Feiern unterwegs ist.

September
Blütenfest in Wiesmoor
Mit Millionen Blüten und einem Blumenkorso feiert die Blumengemeinde mit dem Blütenfest sich selbst und wählt auch eine Königin. Am ersten Septemberwochenende.

Oktober
Erntefest
In Edewecht, Emden, Hage, Hatten, Hesel und Rhauderfehn.

Drachenfest in Greetsiel
Immer wieder sind hier Profis mit ungewöhnlichen Drachenkonstruktionen am Start.

Gallimarkt in Leer
Vom zweiten Mittwoch im Oktober an und dann fünf Tage lang dauert das ostfriesische Oktoberfest mit Viehmarkt, zugleich das berühmteste der ostfriesischen Feste, zudem die Kinder sogar schulfrei haben.

Dezember
Klaasohm
Traditionelles Männerfest am Vorabend des Nikolaustages auf Borkum. Frauen tun gut daran, sich fernzuhalten.

Weihnachtsmärkte
Finden von Ende November meist bis Weihnachten in fast allen Städten und vielen größeren Orten statt.

MERIAN-TIP

Im Juli und August heißt es in Schortens **»Umsonst & draußen«.** Am Freitag- und Sonntagabend bei Konzerten vor dem Bürgerhaus ist jeder willkommen, der Folk und Soul mag und die Musik der Cajuns aus Louisiana. ■ E 3

Wer Orgelmusik liebt, ist allerdings im Rheiderland besser aufgehoben. Jeden Sommer erklingen auf bedeutenden Instrumenten aus sechs Jahrhunderten Konzerte in den Kirchen einer der reichsten Orgellandschaften der Welt, am Dollart. Aktuelle Informationen gibt es bei den Fremdenverkehrsvereinen.

Mittendrin Leer und drumherum – im Uhrzeigersinn – Rheiderland im Westen, Overledingerland, Uplengen und Moormerland: Das ist der ostfriesische Süden.

Deutsche Fehnroute

Die meisten Besucher kommen von Süden her nach Ostfriesland, fahren durch – und haben schon einen der schönsten Landesteile verpaßt, eben das südliche Ostfriesland. Es soll nicht komplizierter werden, als es ohnehin schon ist, aber das Gebiet um die wunderschöne Stadt Leer herum läßt sich noch durch einen weiteren Begriff definieren, und das ist ein Rundkurs namens **Deutsche Fehnroute**. 163 Kilometer lassen sich an Hand von Hinweisschildern verfolgen, auf denen das Symbol einer Klappbrücke immer wieder nach rechts und links vom geraden Wege wegführt, und es lohnt sich tatsächlich, diesen Hinweisschildern zumindest eine Weile zu folgen. Für Fahrradfahrer gibt es übrigens noch ein Zusatzschild mit einem Fahrradsymbol, und – Autofahrer mögen es gelegentlich kaum glauben – noch schöneren Wegen. Sie könnten das aber überprüfen: Einfach aussteigen und ein Stück zu Fuß gehen.

Wer von Osten, zum Beispiel über Oldenburg, auf der Autobahn nach Ostfriesland kommt und diese an der Abfahrt Apen/

Vor blauem Himmel unschlagbar schön: die gelbe Pracht blühender Rapsfelder in der Westermarsch.

Remels verläßt (oder aus dem Ruhrgebiet und in Richtung Oldenburg weiterfährt), ist schon mittendrin.

Fahrt durch die Jahrtausende

Und dann beginnen die unterschiedlichen Landschaftsformen von Geest, Marsch und Meer. Die **Geest**, meist wenig fruchtbarer, sandiger Boden, in der Eiszeit in Schichten aus Sand, Lehm, Ton und Kies in den eisfreien Perioden abgelagert, ist an den Wallhecken, Eichen, Birken und Buchen auszumachen. In der holzarmen Gegend dienten sie als Windschutz und lebende Viehzäune.

Auf der **Marsch**, Ablagerungen aus Flüssen und Meer, das typische weite grüne Land, liegen Weiden und Getreide- und Gemüsefelder. Wegen ihres fruchtbaren Bodens wird die Marsch meist durch Dämme und Deiche geschützt. Vor dem Eindeichen konnte man nur auf Erhöhungen wohnen.

Bei den Mooren werden Hoch- und Niedermoore unterschieden. **Hochmoore** sind nährstoffarme Regenwassermoore. Sie sind nach der letzten Eiszeit, vor 12 000 bis 10 000 Jahren, entstanden und bis zur Abtorfung durch Menschen gewachsen. Wegen ihrer Nährstoff-armut wurden sie erst spät urbar gemacht. **Niedermoore** dagegen sind reine Grundwassermoore. Aufgrund ihres hohen Nährstoffanteils wurden sie schon früh zu Acker- und Weideland kultiviert.

Holländische Anleihe

Der Name **Fehn**, auf den man hier immer wieder trifft, ist aus dem Holländischen übernommen und bedeutet Moor. Orte mit »fehn« im Namen deuten auf eine Kultivierungsmethode hin, mit der die Moore seit dem 17. Jahrhundert urbar gemacht wurden. Zunächst wurden schiffbare Kanäle angelegt, dadurch konnten die angrenzenden Moorflächen teilentwässert werden. Die Siedler hatten den tiefer gelegenen Schwarztorf gestochen (ausgegraben), getrocknet, abtransportiert und als Brennmaterial verkauft. Auf dem Rückweg brachten sie Schlick aus den Flußläufen mit, der dem höhergelegenen Weißtorf beigemischt wurde, so daß eine landwirtschaftliche Nutzung des Bodens möglich wurde. An den Kanälen entstanden typische Fehnsiedlungshäuser. Und noch heute sind hier Orte zu finden, die sich Hunderte von Metern an den Kanälen hinziehen und hinterm Haus schon zu Ende sind.

Von den Haupt- oder Fehnkanälen zweigen Seitenkanäle ab, die **Wieken**, Inwieken oder Hinterwieken genannt werden. Daß in vielen Gemeinden noch manches Ursprüngliche erhalten geblieben ist, erkennen Besucher an Klappbrücken und Windmühlen, den funktionsfähigen Schleusen und den romanischen und gotischen Backsteinkirchen. Mehrere Museen veranschaulichen die Moorkultivierung, die vor über 200 Jahren begann.

Pioniere waren die Bewohner des Fischer- und Bauerndorfes anno 793: Sie bauten die erste Kirche Ostfrieslands. Heute ist Leer eine stattliche Stadt, von Hafen und Industrie geprägt.

Leer ■ C 5

33 000 Einwohner
Stadtplan → S. 43

»Tor Ostfrieslands« nennt sich die alte Seehafen- und Handelsstadt, die so offensichtlich in der Mitte liegt, daß es schon eines zweiten Blickes bedarf, um diese Irritation zu beseitigen: Die Stadt liegt zweifellos am Schnittpunkt der Ost-West- und der Nord-Süd-Verbindungen von Straßen, Wasserwegen und Eisenbahnen. Hier mündet die Leda in die Ems und schafft somit die Verbindung zum Meer, und damit darf die hübsche Stadt mit mehr als tausendjähriger Vergangenheit also doch als »Tor« gesehen werden.

Wie nah das Meer ist, wird Besuchern erst beim großen Tourenskipper-Treffen der Freizeitkapitäne klar. Nicht nur, weil dann die Shantychöre aus Bingum und von der Marinekameradschaft Aurich singen. Aber wer dann den Knirpsen hinterherguckt, die an der Uferpromenade kräftig in die Pedale ihrer Tretboote steigen, sieht hinter der ersten Brücke schon richtig große Pötte. Und landeinwärts, in Papenburg, gibt es schließlich sogar eine Werft. Aber nicht nur Hafen und schöne Altstadt locken Besucher an.

Da ist durchaus anderes Merkwürdiges zu besichtigen, zum Beispiel der neun Meter hohe **Plytenberg** (Durchmesser ca. 80 Meter). Dort, wo der Mönch Liudger einst die erste Holzkirche auf einem Hügel nahe der Krypta des reformierten und katholischen Friedhofs errichtete, wird das ehemalige Grabmal eines Wikingerfürsten vermutet.

Vergangenheit und Gegenwart liegen nahe beieinander im radlerfreundlichen Leer: Wer über den Ledadeich bis zur Seeschleuse wandert, kann ein Bauwerk besonderer Art bestaunen: das Leda-Sperrwerk. Fünf mächtige Stahltore können den Fluß völlig gegen die Flut abschotten. Ein Entlastungspolder verhindert, daß die Leda über die Ufer tritt.

Nichts für Schlaffis: Unweit von Leer wird seit dem 17. Jahrhundert Torf gestochen – ein Job für gestandene Männer.

SEHENSWERTE ORTE UND AUSFLUGSZIELE

Hotels/andere Unterkünfte

Hotel-Café Am Markt ■ b 2/c 2
Ein modernes behindertengerechtes
Haus in der Fußgängerzone.
Mühlenstr. 36
Tel. 04 91/6 10 07, Fax 6 11 61
16 Zimmer
Mittlere Preisklasse

Hotel Lange südöstlich ■ c 3/c 4
Ruhig gelegenes Haus 4 km südöst-
lich vom Zentrum Leers mit gutem
Restaurant, kleinem Schwimmbad
und Blick auf Wasser und Leda-
sperrwerk.
Zum Schöpfwerk 1
Nettelburg
Tel. 04 91/1 20 11, Fax 1 20 16
51 Zimmer
Obere Preisklasse

Ostfriesenhof ■ a 4
Ob Suite, behindertengerecht oder
Komfortzimmer, hier ist alles zu ha-
ben. Aus dem Frühstücksraum blickt
man auf Leda und Ems. Außerdem
gibt es Schwimmbad, Sauna und
Fitneßraum.
Groninger Str. 109
Tel. 04 91/6 09 10, Fax 6 09 11 99
60 Zimmer
Obere Preisklasse

Spaziergang

Für die bekanntesten Sehenswürdigkeiten reicht ein kurzer Gang
durch die Altstadt. Das bekannteste
Bauwerk ist zweifellos das 1894 im
deutsch-niederländischen Renais-
sancestil gebaute **Rathaus**. Nur
wenige Schritte südlich, am Ufer,
liegt die **Waage**, 1714 von der reformierten Gemeinde Leer im nieder-
ländisch beeinflußten norddeutschen Barock erbaut. Bis 1946 wurde
hier gewogen, darauf weisen noch
die bekrönten Waagschalen über
den korbbogigen Eingängen zum

Wiegeraum hin. Feinschmecker
schätzen heute anderes: Hinter den
historischen Mauern verbirgt sich
eins der besten ostfriesischen Restaurants (→ Essen und Trinken).

Das **Haus Samson** nördlich des
Rathauses, bereits 1643 erbaut,
befindet sich seit mehreren Generationen im Besitz der Familie Wolff
und vermittelt einen Einblick in die
Wohnkultur des 18. und 19. Jh. Das
Amtsgericht, nur wenig weiter nördlich in der Wörde, wurde als Herrensitz der Familie von Rheden gebaut
und weist die gleichen Gestaltungs-
merkmale wie die Waage auf. Das
zur Seite liegende **Schatthus**, ehemaliges Wohngebäude des Amt-
manns, stammt im Kern aus dem
Jahr 1711.

Um die anderen Sehenswürdigkeiten, die Burgen Leers, zu sehen,
bedarf es wenig längerer Spazier-
gänge.

Der Besuch des **Leda-Sperrwer-
kes** erfordert einen vier Kilometer
langen Spaziergang nach Süden.

Sehenswertes

Evenburg westlich ■ c 1/c 2
Die Wasserburg wurde im 19. Jh.
neugotisch umgebaut. Zusammen
mit dem Park, der barocken Vorburg
von 1765 und der langen Evenburg-
allee, die vom Bahnhof der Stadt
zu ihr hinausführt, ist ein beliebtes
Ziel für Spaziergänger. Diese Burg
wurde 1650 als Wohnschloß konzi-
piert und hatte nie Verteidigungs-
charakter.
Am Schloßpark
Besichtigung Mo–Fr während der
Bürozeiten

Haneburg ■ a 2/a 3
Heute ist hier die Volkshochschule
untergebracht. In ihrer jetzigen
Form stammt die Burg aus dem
17. Jh., obwohl ihr Ursprung viel

weiter zurückgeht. Sie gehört zu den wenigen erhaltenen ostfriesischen Renaissance-Burgen und war ursprünglich Herrensitz.
Haneburgallee
Besichtigung nach Vereinbarung mit dem Landkreis Leer
Tel. 04 91/8 32 64

Haus Samson ■ b 2/b 3
Ein schlanker Giebel, auf dem weiße Steinblüten ranken, eine kunstvolle Tür, und dahinter altes, sehenswertes Hausgerät.

Rathausstr. 18
Während der Geschäftszeiten zu besichtigen.

Rathaus ■ b 3
Aus einem quadratischen Unterbau erhebt sich ein achteckiger Turm. So ist auch die Lutherkirche gebaut.
Rathausstr. 1
Tel. 04 91/2 67 89
Während der Dienstzeiten Führungen nach telefonischer Vereinbarung.

Museum

Heimatmuseum ■ b 3
Seit 1935 beherbergt das 1791
errichtete Gebäude das Heimatmuseum mit den Schwerpunkten
ostfriesische Wohnkultur, die Schiff-
fahrtsabteilung mit Ernst-Petrich-
Zimmer und die naturkundliche Ab-
teilung mit der Vogelwelt der Kreis-
und Küstengebiete.
Neue Str. 14
Di–Fr 10–12 und 15–17 Uhr, So
11–12.30 Uhr

Essen und Trinken

Ratskeller ■ b 3
Historisches Ambiente und eine
gute Küche, wenn es um Ostfriesi-
sches geht. Vor allem Fischgerichte.
Rathausstr. 1
Tel. 04 91/31 17
Obere Preisklasse

Zur Waage ■ b 3
Ostfriesische Spezialitäten der
besten Art und außerdem, was die
Saison bietet: Krabben, Matjes,
Scholle und Seezunge. Gute Atmo-
sphäre in historischem Gebäude
am Hafen.
Neue Str. 1
Tel. 04 91/6 22 44
Di geschl.
Obere Preisklasse

Service

Auskunft ■ b 2
Amt für Fremdenverkehr
Bergmannstr. 27
Tel. 04 91/8 33 66

Reise- und Verkehrsbüro
Am Denkmal
26787 Leer
Tel. 04 91/6 60 06, Fax 56 28

Bootssport
Auf Ems und Leda möglich. Die Ems-
Marina in Bingum bietet außerdem
einen Boot-Service. Anlegemöglichkeiten im Hafen. Eine Wasserkarte
ist im Reise- und Verkehrsbüro er-
hältlich.
Am Denkmal
Tel. 04 91/6 10 71

Camping
Ems-Marina-Bingum
Tel. 04 91/44 21

Jugendherberge ■ b 2/b 3
Süderkreuzstr. 7
Tel. 04 91/21 26

Schiffsausflugsfahrten ■ b 3
Fahrten mit der MS Hafenmusik und
der MS Germania auf Ems, Leda und
Jümme ab Rathaus/Waage.
Buchung und Auskunft
Tel. 04 91/7 12 85 und 58 54

Theater ■ b 3
Karten für Theaterstücke der
Landesbühne Nord gibt es beim
Städtischen Kulturamt.
Rathaus-Altbau
Rathausstr. 1, Zimmer 113
Tel. 04 91/8 24 25

Ziele in der Umgebung

Bagband ■ D 4

Einen Besuch lohnt hier die Wind-
mühle von 1812. Sie gilt als eine der
schönsten im ostfriesischen Raum.
Nach Zerstörungen durch Orkan-
böen 1973 baute Heinrich Mönck
sie wieder auf. Zu sehen gibt es
Gegenstände des Müllerei- und
Mühlenbauwesens.
April–Sept. So und Feiertage 10–12
und 14–18 Uhr
Gruppen auch auf Anfrage
Tel. 0 49 43/20 11 14

Papenburg C 6

31 000 Einwohner

Papenburg, südlich von Leer, ist die älteste und längste **Fehnkolonie** (Moorbesiedlung) Deutschlands. Trotz umfangreicher Neugestaltung der Stadtmitte mit einer verkehrsberuhigten Zone, ist der ursprüngliche Charakter der Fehnkolonie mit langen Straßenzügen an Kanälen erhalten geblieben. In den Kanälen liegen Museumsschiffe, und in Papenburg/Obenende werden Torfschiffe vom bronzenen Trailer gelenkt.

In der Innenstadt lohnt ein Abstecher auf die Brigg **Friederike von Papenburg,** die zugleich Informationsbüro des Fremdenverkehrsvereins ist, und am Bahnhof vorbei geht es zur Seeschleuse. Von dort kann man auf die Meyer-Werft mit dem größten überdachten Trockendock der Welt blicken.

Papenburg ist das kulturelle und wirtschaftliche Zentrum des nördlichen Emslandes, und sein vielfältiges Angebot macht es außerdem zur beliebten Einkaufsstadt.

Sehenswertes 👁

DIZ Emslandlager
Dokumentations- und Informationszentrum über 15 Emslandlager.
Wiek rechts 22
Tel. 0 49 61/49 71, Fax 6 62 10
Di–Fr und So 10–17 Uhr

Museum 🏛

Von-Velen-Museum
Sehenswertes Freilichtmuseum mit alten Fehnhäusern, Pütten, Stichkanal, Torfschiff mit Segel und einem mit Torf beladenen Prahm mit bronzenen Arbeitern.
Splittingkanal
Mai–Sept.

Essen und Trinken 🗙

Restaurant von Velen
Restaurant des Hotels Stadt Papenburg mit einem guten Namen über die Region hinaus. Der Küchenchef bereitet Edelfische meisterhaft zu.
Am Stadtpark 25
Tel. 0 49 61/63 45
Obere Preisklasse

Stövchen
Freundliche Kaffee- und Teestube mit Gartenterrasse, gleich neben dem Freilichtmuseum gelegen.
Splitting links
Tel. 0 49 61/7 63 26
Tgl. 10–20 Uhr/ bei Bedarf länger

Service ℹ

Auskunft
Fremdenverkehrsverein
Papenburg e. V.
Postfach 1755
26871 Papenburg
Tel. 0 49 61/8 22 21, Fax 8 23 30

Westoverledingen C 6

18 000 Einwohner

Manche nennen diese Landschaft das Ostfriesland im kleinen. Idyllische Flecken an sauberem Wasser, dunkles Moor und grüne Wiesen, soweit das Auge reicht. Und zwischen kleinen Deichdörfern und weiten Hammrichen liegt ein Freizeitpark, sogar mit einer Wasserrutsche.

Sehenswertes 👁

Mühle Mitling-Mark
Die Galeriewindmühle aus dem 18. Jh. beherbergt im restaurierten Müllerhaus »Omas Küche«, eine Sammlung von mehr als 800 historischen Küchengegenständen. Im Backhaus kann man an Brotbackseminaren teilnehmen.

31. März–31. Okt. Mi, Fr,
So 5–17 Uhr; 1. Nov.–30.
März nach Vereinbarung
Gruppen nach Vereinbarung
Mühlenwart Siegfried Brink
Tel. 0 49 51/88 72

Museum 🏛

Ostfriesisches Schulmuseum
Folmhusen
Schulklasseneinrichtung aus der
Jahrhundertwende, Dokumente zur
Schulgeschichte.
An der B 70

Service ℹ

Auskunft
Heimat- und Verkehrsverein
Bahnhofstr. 18
26810 Westoverledingen
Tel. 0 49 55/33 32

Camping
Freizeitpark »Am Emsdeich«
Tel. 0 49 55/55 41

Wiesmoor ■ D 4

12 000 Einwohner

Nicht nur ein Kanalnetz mit Klappbrücken und typischen Fehnhäusern
ist hier zu bewundern; Wiesmoor
mit Gewächshäusern und Wasserorgel nennt sich auch »Blumenbeet
Niedersachsens«. Am ersten Wochenende im September wird das
traditionelle Blütenfest gefeiert
(→ S. 37). Aber auch sonst wird hier
viel Unterhaltung geboten. Die
»Moornixe« schippert Gäste über
den Kanal, man kann baden, golfen
oder reiten. Und wer das »Moorvogtdiplom« erwerben will, muß
sich zunächst zeigen lassen, wie
früher Torf gegraben wurde.

Service ℹ

Auskunft
Verkehrsverein Wiesmoor
Postfach 115026633 Wiesmoor
Tel. 0 49 44/91 80, Fax 91 98 99

Camping
Belitz
Wiesedermeer
Tel. 0 49 48/7 93

M E R I A N - T I P

Mit der Fähre über die Jümme Man ruft nur, und die Fähre
kommt, wie immer seit 1562, an Stahlseilen über das Wasser gezogen. Pünte nennt man sie in Wiltshausen, wo man
sich über die Jümme setzen lassen kann. Sogar zwei bis
drei Autos haben Platz, wenn es sein muß, und Fahrräder
sowieso. Von Filsum muß man die Jümme entlang oder von
Loga, dem Ortsteil von Leer, dorthin, wo Leda und Jümme
zusammenfließen. Mai–Sept. Mi–Fr 10–18, Sa und So
10–19 Uhr. ■ C 5

Drumherum liegt ganz Ostfriesland, sagen die Bewohner des Südbrookmerlandes zwischen Aurich und Emden. Und irgendwie stimmt das auch.

In Emden beginnt die **Störtebekerstraße**, die sich an der Küste bis Wilhemshaven hinzieht. Sie beginnt nicht besonders reizvoll, aber das ändert sich gewaltig, und dann liegt da dies bezaubernde Greetsiel in der **Krummhörn**, die zum Landkreis Aurich gehört. Ein Landstrich voller alter Kirchen und wunderschöner Orgeln, die zu hören lohnt.

Aber das ist längst nicht das einzig Reizvolle in dieser Gegend, wo man noch Aal, Hecht und Zander angeln kann. **Das Große Meer** ist ein Flachmoorsee am Geestrand, etwa einen Kilometer lang, mit Gräben und Kanälen mit anderen Binnenseen verbunden. Im Nordwesten wird es vom **Loppersumer Meer**, im Südwesten um das **Kleine Meer** erweitert. Man darf es auch als landschaftliche Kostbarkeit inmitten der größeren Städte bezeichnen.

Unter einem der größten Marktplätze Norddeutschlands lassen sich Autos in einer Tiefgarage verstecken, so daß der Platz darüber, auf dem sich Traditionelles und Futuristisches mischen, den Fußgängern vorbehalten bleibt.

Obwohl Emdens Innenstadt von der Moderne geprägt wird, kann ihr ein gewisser Charme nicht abgesprochen werden. Ein echtes Highlight ist Henri Nannens Kunsthalle.

Heimliche Hauptstadt Ostfrieslands: Als heutige Kreisstadt, Dienstleistungs- und Handelszentrum verblüfft die ehemalige Residenzstadt Aurich mit ihrem Charme.

Aurich ■ C 3

40 000 Einwohner
Stadtplan → S. 51

Die alte Residenzstadt mit großer Bedeutung in der ostfriesischen Geschichte hat auf ihre Weise versucht, den Bedeutungsverlust wettzumachen, den sie mit der Gebiets- und Verwaltungsreform in Niedersachsen in den 70er Jahren hinnehmen mußte.

Ungewöhnlich mutige Stadtplaner haben auffällige Akzente gesetzt. Der Marktplatz, einer der größten in Deutschland und wie in vielen Städten früher Parkplatz, wurde zur Fußgängerzone, mit portugiesischem Granit gepflastert. Das bunte Blech verschwindet in einer Tiefgarage. Obwohl nur noch Außenstelle der Bezirksregierung Weser-Ems, gilt Aurich doch weiterhin als »Schreibtisch Ostfrieslands«. Zwar leidet die Stadt wie andere Städte unter der wirtschaftlichen Strukturschwäche des Landes, lockt aber mit einer Stadthalle zu unterschiedlichen Kulturveranstaltungen, Kongressen und Tagungen.

Die Kulturschaffenden von Aurich werden sich glücklich schätzen, in diesem schönen Gebäude der Ostfriesischen Landschaft, im Stil der Neorenaissance, in Lohn und Brot zu stehen.

Hotels/andere Unterkünfte

Brems Garten ■ b 3
Ruhig gelegener Familienbetrieb mit
vielgelobtem Restaurant.
Kirchdorfer Str. 7
Tel. 0 49 41/92 00, Fax 92 09 20
30 Zimmer
Mittlere Preisklasse (EC, Visa, Diners)

Stadt Aurich ■ c 1
Komfortable Zimmer in zentraler
Lage. Parkplatz, Sauna, Solarium.
Hoheberger Weg 17
Tel. 0 49 41/4 33 13, Fax 6 25 72
Mittlere Preisklasse (EC, Visa)

Spaziergang

Auf der Westseite des Marktplatzes
– unser Ausgangspunkt – liegt das
Knodtsche Haus, ein schön renoviertes barockes Bürgerhaus. In der
Burgstraße, die Fußgängerzone
ist, stehen gut erhaltene historische
Bürgerhäuser neben Neubauten, die
sich harmonisch einfügen. Hier liegt
auch die **Alte Kanzlei,** vermutlich
Aurichs erstes Rathaus, über dem
Nebeneingang das Relief der Justitia
von 1568, denn hier stand früher das
Gerichtsgebäude. Auffallend auch
das Eckhaus Burgstraße/Hafenstra-
ße aus dem 17. Jh. mit Sandsteinor-
namenten, wie Blumenranken, auf
dem Backsteingiebel. Der **Lamberti-
turm,** ein Wahrzeichen Aurichs,
steht abseits der Kirche an der Ecke
Burgstraße/Kirchstraße. Wer der
Burgstraße nach einem lohnenswer-
ten Blick in die Lambertikirche weiter folgt, kommt zum alten **Burgtor**
mit den Göttinnen Pallas Athene und
Bellona. Gleich dahinter biegt ein
kleiner Weg nach links zum **Schloß**
ab. Denselben Weg geht es zurück.
In der **Nürnberger Straße** kann man
noch ein Häuserensemble bewundern und durch die **Norderstraße**
zum Marktplatz zurückkehren.

Sehenswertes

Lambertikirche ■ b 2
Ein 1832–35 neu errichteter klassi-
zistischer Backsteinbau. Sehens-
wert sind im Inneren die Schnitz-
arbeiten auf dem figurenreichen
Kreuzigungsaltar, der um 1500 in
Antwerpen entstanden und bis zur
Säkularisation im Zisterzienserklo-
ster in Ihlow stand.
Lambertshof

Pingelhus ■ b 2/b 3
Ehemaliges Hafenwärterhaus des
alten Hafens, der über den Treck-
fahrtskanal mit Emden verbunden
war. Die Glocke auf dem Dach mußte bei Ankunft oder Abfahrt der
von Pferden gezogenen Treckschiffe
»pingeln«.
Hafenstraße

Schloß ■ a 2/b 2
Schon 1447 hatten die Cirksena hier
ihr Wohngebäude errichtet, das
Schloß entstand jedoch erst 1852
unter Georg V. Von der älteren Anlage ist nur der Marstall übriggeblieben, 1732 unter Verwendung von
Teilen des Vorgängerhauses fertig-
gestellt. Zum Schloßhof öffnet sich
ein Arkadengang mit Kreuzgewölbe.
Als Außenstelle der Bezirksregierung ist das Gebäude nur von außen
zu besichtigen.

Thingstätte Upstalsboom
südwestlich ■ a 2
Einst bedeutende Versammlungs-
stätte der Freien Friesen mit einer
1833 errichteten Steinpyramide.
Südwestlich des Zentrums, an der
Straße nach Haxtum und Kirchloog.

SEHENSWERTE ORTE UND AUSFLUGSZIELE

Museen 🏛

Historisches Museum ■ b 2
Sammlung zur Landeskunde und
Geschichte der mittelostfriesischen
Geest in einer Kanzlei von 1530.
Burgstr. 25
Di–Sa 10–12 und 15–17 Uhr,
So 15–18 Uhr

Ostfriesische Landschaft ■ b 3
Sammlung von Dokumentar- und
Archivmaterial über den ostfriesischen Küstenraum. Im Fürstensaal,
dem Parlamentsraum der Ostfriesischen Landschaft, einer öffentlich-
rechtlichen Körperschaft, Gemälde
aller ostfriesischen Regenten.
Georgswall 3–9
Tel. 0 49 41/1 79 90
Führungen nur während der niedersächsischen Sommerferien:
Di, Mi und Do 11 Uhr

Stiftsmühle westlich ■ a 2
Mühle von 1858, in der Korn mit
Windkraft gemahlen wird, Samm-
lung alter Mühlengegenstände,
Modelle der wichtigsten Mühlen-
arten und aller Getreidearten.
Oldersumer Str. 63
Mai–Okt. Di–Sa 10–12 und 15–17
Uhr, So 15–17 Uhr

Essen und Trinken ☒

Waldhof Wiesens
Hier hat schon ein Stiftungsfest der
ostfriesischen Köche stattgefunden,
die immer wieder beweisen wollen,
daß Gäste in Ostfriesland nicht nur
satt vom Tisch aufstehen, sondern
auch, daß man hier nicht nur Fisch
essen kann.
Zum Alten Moor 10
Tel. 0 49 41/6 10 99 und 6 10 90
Nur abends, So auch mittags,
Mo geschl.
Obere Preisklasse

Service ℹ

Auskunft ■ c 1
Verkehrsverein Aurich
Norderstr. 32
26603 Aurich
Tel. 0 49 41/44 64, Fax 1 06 55

Ziele in der Umgebung

Ewiges Meer ■ C 3

11 km nördlich von Aurich liegt
Deutschlands größter Hochmoorsee,
durch ein Naturschutzgebiet gesichert. Von einem Parkplatz aus führt
ein direkter Weg ans Ufer, man kann
den See auch umwandern. In dem
See, der bis zu drei Metern tief ist,
leben keine Fische, weil das lebens-
wichtige Plankton fehlt. Das Ufer
dient vielen Zugvögeln als Rastplatz,
und durch das Gras schlängeln sich
gelegentlich Kreuzottern.

Großefehn ■ C 4/D 4
12 700 Einwohner

Etwa 20 km südlich von Aurich liegt
die 17 km lange **Fehnsiedlung** in ei-
ner typischen Niederungslandschaft.
  In Westgroßefehn, an der
Ursprungsstelle des Ortes, ist das
Fehnmuseum **Eiland** gebaut worden. Es zeigt die Entwicklungsgeschichte auch in großzügigen
Außenanlagen (April–Sept. Di–Sa
10–17 Uhr, So 10–19 Uhr). Lohnens-
wert ist auch die historische
Huf- und Wagenschmiede »Striek«.
(Besichtigung auf Anfrage: Kanal-
straße Nord, Ostgroßefehn Tel.
49 43/20 11 14).
  Im Ortsteil **Timmel** sind schöne
Kirchenfenster zu besichtigen.
Das **Timmeler Meer** ist ein ideales
Feriengebiet für Wassersportler,
und im **Boekzeteler Meer** kann man
viele Vogelarten besichtigen.

Großheide

■ C 2/C 3

8350 Einwohner

Es ist keine Gemeinde, wie man sie sich so vorstellt, die, 10 km nördlich von Aurich, mit Natur und frischer Luft und sonst nichts für sich wirbt. Graue Striche und verstreute Ansiedlungen sieht man auf der Karte und trifft auf ein Stück Land, in dem mancher die »Idee Ostfriesland« findet: Hochmoorsiedlungen, Moorkanäle, Hochmoorwald, Heide und Mühlen. Heute ein Wandergebiet,

bis zum Ende des 18. Jh. ganz unbesiedelt. Die Bauern des Marsch-Geest-Randes stachen Moor und trockneten es zu Brenntorf, der Untergrund wurde zu Ackerland. Eine Berumer Fehn-Compagnie gründete sich und ließ Kanäle graben. Es gibt keine langen Hofreihen an den Kanälen, und nach dem Zweiten Weltkrieg entstanden hier Ferieneinrichtungen. Wer den Wegen folgt, trifft auf Moorkolonien und Urlandschaften im Berumfehner Moor, das sich bis zum Ewigen Meer hinzieht.

Marienhafe ■ B 3

1800 Einwohner

Zuerst muß der Besucher die Wendeltreppe in den sagenumwobenen Störtebekerturm der **St.-Marien-Kirche** hinaufklettern und die Aussicht bewundern: Windmühlen, Kirchen, Seen, Wiesen und Felder und – mit etwas Glück und guter Sicht – sogar Deich und Inseln. Dort, wo der Seeräuber einst Unterschlupf fand, ist heute in der **Störtebekerkammer** ein Museum eingerichtet, das über die Geschichte der Kirche Auskunft gibt.

Manche nennen die Kirche auch »Marienhafer Dom«, mit 72 m Länge und 23 m Breite der größte Kirchenbau seiner Zeit in Ostfriesland. 1829 wurden große Teile der Kirche abgerissen, weil sie sich in einem sehr schlechten Zustand befand. Die Restkirche besteht aus dem monumentalen Westturm und dem Mittelschiff.

Neben dem berühmten Kirchturm sind es aber auch die Windmühlen, die Marienhafe zu einem beliebten Ausflugsziel machen.

Moormuseum Moordorf ■ C 3

Auch »Museum der Armut« genannt. Es stellt die 200jährige Entwicklungsgeschichte einer ostfriesischen Moorkolonie dar. Freilichtmuseum mit Landarbeiterhaus, Sodenhütte, Kolonistenhaus und Lehmhütte. In den Ferien Aktionstage zu Themen wie Torfgraben, Hüttenbau, Mattenflechten.
5 km westlich von Aurich an der B 72, gut ausgeschildert.
Frühlingsanfang–31. Okt.,
Di–So 10–17 Uhr,
Führungen nach Voranmeldung,
Tel. 0 49 42/27 34

Rote Klinker, friesisch blaues Holz – und eine Orgel mit besten Klangeigenschaften: Ein Besuch der Marien-Kirche in Marienhafe ist ein Fest für die Sinne.

Historisches mischt sich mit Modernem in Emden – und man mag es heute kaum glauben, daß die Stadt im Zweiten Weltkrieg zu 80 Prozent zerstört worden ist.

Emden ■ B 4

50 000 Einwohner
Stadtplan → S. 57

Der **Rats-Delft**, das Hafenbecken, liegt immer noch dort, wo bei der Entstehung Emdens vor fast 1200 Jahren die Ems verlief. Die Suche nach Historischem gestaltet sich schwierig, wenn man das wiederaufgebaute **Rathaus** besichtigt hat. Aber hier lohnt schon, die Spitze des Rathausturmes zu erklettern, um den Rundblick zu genießen: die grüne Parkanlage des Walls aus dem 17. Jahrhundert, die Mühlen, den Wasserturm, das Ratsdelft natürlich und im Westen den Hafen mit Kränen und Docks.

Mag manchen Emden bisher auch nur als Otto-Ort geläufig sein, im Bewußtsein der Kunstfreunde hat die Stadt an Dollart und Ems seit der Eröffnung von Henri Nannens **Kunsthalle** einen festen Platz. Und sie allein lohnt einen kürzeren oder längeren Umweg und einen Aufenthalt, der lang genug ist, eine der bedeutendsten Sammlungen des deutschen Expressionismus und der Gegenwartsmalerei zu besichtigen. Die Ferienmalschule lockt Kinder und Erwachsene.

Die berühmte Rüstkammer des Ostfriesischen Landesmuseums in Emden fasziniert nicht nur Kinder.

Hotels/andere Unterkünfte 🛏

Alt-Emder Bürgerhaus ▉ c 3
1990 renoviertes Jugendstilhaus
direkt am Stadtwall.
Friedrich-Ebert-Str. 33
Tel. 0 49 21/2 42 41, Fax 2 42 49
12 Zimmer
Mittlere Preisklasse

Am Boltentor ▉ a 1/b 1
In unmittelbarer Nähe der Kunst-
halle gelegen, fünf Minuten bis
Bahnhof, Stadtmitte und Wall-
anlagen, behindertengerecht.
Hinter dem Rahmen 10
Tel. 0 49 21/9 72 70, Fax 97 27 33
19 Zimmer
Mittlere Preisklasse

Nichtraucherpension Janssen ▉ c 3
In der Innenstadt am Faldern-Delft
gelegen.
Martin-Faber-Str. 1
Tel. 0 49 21/3 29 77, Fax 3 29 78
9 Zimmer
Untere Preisklasse

**Parkhotel Upstalsboom
Emden** ▉ c 3
Großzügiger Neubau mit Fitneß-
bereich, zentral und ruhig gelegen.
Friedrich-Ebert-Str. 73–75
Tel. 0 49 21/82 80, Fax 82 85 99
Obere Preisklasse

Sehenswertes 👁

Dat Otto Huus ▉ b 2
Ottos Karriere im Spiegelbild von
Kuriositäten, Höhepunkte aus der
Ottifantenfamilie kann man auch
mitnehmen.

*Fisch muß bekanntlich schwimmen:
Das Feuerschiff »Deutsche Bucht«
wurde zum Spezialitätenrestau-
rant umfunktioniert – und serviert
nun Scholle, Seezunge & Co.*

Große Straße/Ecke Am Delft
Mo–Fr 9.30–18 Uhr, Sa 9.30–13 Uhr,
So (April–Okt.) 11–17 Uhr

Rathaus ▉ b 2
Ende der 50er Jahre ist der Neubau
entstanden, das Portal des Renais-
sance-Vorläufers und eine Eingangs-
tür, die den Krieg überdauert hat,
sind integriert worden. Hinter der
neuen Fassade verbirgt sich das
sehenswerte **Ostfriesische Landesmuseum,** das die Entstehung der
Seehafenstadt dokumentiert.
Neutorstraße

Museen 🏛

Feuerschiff Amrumbank ▉ b 2/b 3
Schiffahrtsgeschichtliches Museum
mit intakter Maschinenanlage und
Amateurfunker-Raum.
Ratsdelft
April–Okt. Mo–Fr 10–13 und 15–17
Uhr, Sa und So 11–13 Uhr

Kunsthalle ▉ b 1
Die Sammlung umfaßt etwa 300 Ex-
ponate der Kunst des 20. Jh. Wech-
selausstellungen sollen das Ver-
ständnis für die zeitgenössische
Kunst fördern. Ferienaktionen der
angeschlossenen Malschule für
Eltern und Kinder (→ S. 27).
Hinter dem Rahmen 12–14
Di 10–20 Uhr, Mi–Fr 10–17 Uhr, Sa
und So 11–17 Uhr
Infotelefon 0 49 21/9 75 00

**Ostfriesisches Landesmuseum und
Städtisches Museum** ▉ b 2
Sammlungen zur Kunst- und Kultur-
geschichte Ostfrieslands und zur
Entwicklung der Stadt Emden.
Berühmte Rüstkammer mit histori-
schen Waffen und Rüstungen.
Neutorstraße
Okt.–April Di–Fr, So 11–16, Sa
13–16, Mai–Sept. Mo–Fr, So 11–17,
Sa 13–17 Uhr

SEHENSWERTE ORTE UND AUSFLUGSZIELE

Pelzerhaus ■ b 3
Um 1585 errichtetes und 1984 renoviertes Haus der Putzmachergilde. Ausstellungen zum bürgerlichen Leben und historische Gaststätte. Pelzerstr.
Di–Fr 10–12 und 14–17 Uhr, Sa und So 11–13 Uhr

Seenotrettungskreuzer »Georg Breusing« ■ b 2/b 3
Maritimes Denkmal neben der »Amrumbank« im Ratsdelft. Sehenswerte nautische Einrichtungen, Maschinenanlagen und Unterkünfte der Besatzung.
April–Okt. tgl. 10–13 und 15–17 Uhr

Essen und Trinken ☒

Faldernpoort östlich ■ c 3
Ostfriesische Spezialitäten und Fisch.
Courbièrestr. 6
Tel. 0 49 21/2 10 75
Mittlere Preisklasse

Feuerschiff »Deutsche Bucht« ■ b 2
Guter Fisch in maritimem Ambiente.
Georg-Breusing-Promenade
Tel. 0 49 21/2 23 73
Mittlere Preisklasse

Restaurant Hotel Heerens ■ c 3
Ostfriesische Leibgerichte.
Friedrich-Ebert-Str. 67
Tel. 0 49 21/2 37 40
Tgl. 12–14 und 18–21 Uhr, Sa und So abend geschl.

Service 🛈

Auskunft ■ b 2
Verkehrsverein (26703 Emden)
Info-Pavillon am Stadtgarten
Tel. 0 49 21/97 40 14, Fax 9 74 09

Camping
Campingplatz »Knock« ■ A 4
Information und Buchungen:
Stadt Emden, Sportamt
Neptunstr. 8
Tel. 0 49 21/2 28 45

Jugendherberge östlich ■ c 3
An der Kesselschleuse 5
Tel. 0 49 21/2 37 97

In der ersten können Sie Tee trinken, in der zweiten dem Müller zuschauen: Die Zwillingsmühlen von Greetsiel sind das I-Tüpfelchen des Ortsbildes.

Ziele in der Umgebung

Greetsiel
■ B 3

1500 Einwohner

Ein über 600 Jahre alter Fischer-
hafen mit 28 Krabbenkuttern
und 30 Segelbooten. Museumsort,
Fußgängerzone (im Sommer)
und Künstlerdorf, Zwillings-
windmühlen am Sieltief –
Greetsiel ist zweifellos der schönste
Ort an der Nordseeküste, und
dementsprechend ist der Besucher-
ansturm zu allen Jahreszeiten.
Aufwendig sind Häuser und Straßen
restauriert und das alte Flair eines
friesischen Fischerdorfes wieder
hergestellt, wenn auch fast zu schön
als solches. Mit rotem Klinker neu
gepflasterte Gassen, spitzgiebelige

Wohnhäuser am Hafenbecken –
kein Wunder, daß Maler und Foto-
grafen Greetsiel längst als Motiv
entdeckt haben.

Und als ob nicht ohnehin genug
Touristen kämen, gibt es hier
auch noch eine Fülle von Veranstaltungen, die zusätzliche Besucher
anlocken: Das Drachenfest im September, die Greetsieler Woche, eine
traditionelle Gemäldeausstellung,
den ostermontäglichen Künstlertreff
und den Internationalen Kunst- und
Handwerksmarkt (→ Feste und Fest-
spiele, S. 37).

Sehenswertes

Zwillingsmühlen

Die Mühlen am Ortsausgang gehören zu den sogenannten Galeriehölländern. Sie sind etwa 21 m hoch. In der vom Ort aus ersten Mühle ist eine Teestube mit ständig wechselnden Kunstausstellungen eingerichtet. Die zweite Mühle wird noch bewirtschaftet. Hier gibt es von Mai bis Oktober Führungen, Sa 14 Uhr.

Museum

Bäckereimuseum »Poppinga's Alte Bäckerei«

Historische Einrichtungs- und Gebrauchsgegenstände der Wohn- und Gewerbekultur sowie aus dem Backbereich. Kunstausstellungen und gelegentliche Dichterlesungen, Teestube, Teeladen und kleine Galerie.
Sielstr. 21
April–Juni Mi–Mo 11–19 Uhr,
Juli–Okt. tgl. 11–19 Uhr

Service

Auskunft
Fremdenverkehrs GmbH
26736 Krummhörn-Greetsiel
Zur Hauener Hooge 15
Tel. 0 49 26/9 18 80, Fax 20 29

Jugendherberge
Kleinbahnstr. 15
Tel. 0 49 26/5 50

Kanalfahrten
Mit dem »Laugskip« fährt Bootsverleih Dreessen vom Frühjahr bis Oktober nach Eilsum (Kirchenbesichtigung). Der Kapitän erzählt während der Fahrt von Land und Leuten, über Fischerei und Entwässerung. Auf dem Wasser kann man auch zum Reiterhof, zur Pilsumer Kirche, zur Pewsumer Burg, zum

Großen Meer oder in verschwiegene Winkel zum Fotografieren.
Bootsverleih Dreessen
Tel. 0 49 23/4 09

Zollfreier Einkauf
Der Greetsieler Hafen gehört zum Zollgrenzbezirk. Zollfrei einkaufen kann man bei Fahrten ab Greetsiel und Norddeich nach Delfzijl/Holland, zum Emshaven, zum Internationalen Schiffahrtsweg, bei der »Nordseerundreise« und bei Fahrten »in See«.

Krummhörn ■ A 3/B 4

Ferien-, Kunst- und Kulturlandschaft Krummhörn nördlich von Emden: Der Name bedeutet »krummes Kap« und beschreibt die bogenförmige Küstenlinie. Immer wieder stößt man hier auf das typische ostfriesische Bauernhaus, das Gulfhaus. Mensch und Vieh leben im Gulfhaus unter einem gemeinsamen, dafür riesigen Dach, das fast bis auf die Erde reicht. Hier ist auch Platz für den Wirtschaftsbereich, für die Lagerung von Futter und Heu, so daß keine Nebengebäude notwendig sind. Im selben Stil sind zahlreiche ostfriesische Landhäuser entstanden.

Pewsum ■ B 4

Hier lohnt das **Freilichtmuseum Manninga-Burg,** eine restaurierte Wasserburg aus dem 15./16. Jh., am Drostenplatz (Marktplatz) einen Besuch (Mitte Mai–Mitte Okt. Di und Do 10–12.30 und 15–17 Uhr, Sa und So 15.30–17.30, Mo und Mi Gruppenführungen, Voranmeldung Tel. 0 49 23/71 06).
   Ebenfalls anschauen sollten Sie die **Mühle mit Lager- und Gulfhaus** von 1843. In der Windmühle (Galeriehölländer) sind Geräte aus der

Landwirtschaft, dem ländlichen Handwerk, des Deichbaus und der Entwässerung zu besichtigen. (15. Mai–15. Okt., Oster- und Herbstferien Di und Do 9.30–11 und 15.45–17.15 Uhr, Sa und So 15.30–17.30 Uhr).

Pilsum ▪ A 3

Die auf hoher Warf liegende Kreuz-kirche aus dem 12. Jh. mit dem Turm in der Mitte auf Vierungspfei-lern gilt als eine der schönsten im Land. Der Windenergiepark umfaßt zehn Mühlen à 300 kW auf einer Fläche von ca. 16 ha Richtung Deich. Führungen sind nach Anmeldung möglich. Tel. 0 49 31/18 22 50. Einmal im Jahr findet ein Schlick-schlittenrennen statt.

Einst Wasserschlößchen, heute Freilichtmuseum: Ein Besuch der rund 450 Jahre alten Manninga-Burg in Pewsum vermittelt hübsche Eindrücke.

Rysum/Groothusen ▪ A 4

Zwei weltbekannte Orgeln sind hier zu sehen und mit etwas Glück auch zu hören. Die spätgotische Orgel zu **Rysum** von 1457 ist das älteste spielbare und im Grundbestand er-haltene Orgelinstrument Deutsch-lands. Die Rokoko-Orgel von Johann Friedrich Wenthin aus dem Jahr 1801 steht in **Groothusen**. Auskunft bei Prof. Vogel, Norddeutsche Orgelakademie in Bunderhee. Schlüssel für die Besichtigung bei den Küstern:
Schreiber, Groothusen,
Tel. 0 49 27/12 78
Leeling, Rysum, Tel. 0 49 27/2 18

Upleward ▪ A 4

In dem fast 900 Jahre alten idylli-schen Warfendorf gibt es die beste Bademöglichkeit im Wattenmeer, seit 1985 ein Sandstrand aufgespült wurde.

Norden ist nicht nur eine Himmelsrichtung, sondern auch die älteste Stadt Ostfrieslands. Von hier bis Wilhelmshaven verläuft die Störtebekerstraße.

An der nach dem bekannten Piraten benannten Straße reihen sich in mehr oder weniger kurzen Abständen die Orte aneinander, die Urlauber auf die Insel bringen.

Ruhe und Reizklima

Harlingerland und **Wangerland** werden von den meisten Ostfrieslandtouristen wenig wahrgenommen. Es stimmt schon, es ist fast nichts davon da, was viele mit Ferien assoziieren: Unterhaltung, Einkaufsstraßen, Diskotheken usw. Das mag in den meisten ostfriesischen Regionen ähnlich sein, doch hier sind die Entfernungen größer, die Landschaft ist karger und der Komfort immer noch mittelmäßig. Hier gibt es im Übermaß, was wenige suchen: Ruhe und Reizklima und die Möglichkeit zu langen Deichwanderungen. Und wenige Kilometer landeinwärts dann doch einige Überraschungen wie das **Schloß** in Dornum, Ostfrieslands letzte Bockwindmühle, die neugotische Hallenkirche in Esens, das **Holografiemuseum** in Esens.

An der Küste immer wieder mal kleine Ferienorte, die sich bemühen, vergessen zu lassen, daß man an der Nordsee ist: Meerwasserschwimmbäder ignorieren, daß Ebbe ist, Solarien lassen immer Sonnen scheinen, weil mancher Sommer verregnet sein kann. Und so treffen Urlauber dort am Wochenende auch die Binnenländer, die zum Beispiel aus Aurich kommen und vom nordseenahen Wohnort profitieren.

Jever und **Wangerland**, der östliche Teil der ostfriesischen Halbinsel bis Wilhemshaven, gehört historisch eigentlich zu Oldenburg. Aber die Bewohner bestehen nicht darauf, und den Urlaubern ist es egal.

Wer nicht rechtzeitig daran gedacht hat, daß er Urlaubstage in Ostfriesland verbringen will, und alles bestellt und besetzt vorfindet, sollte es hier noch einmal probieren. Mag sein, daß er kein Fenster mit Aussicht aufs Meer mehr bekommt, aber es muß kein Trostpflaster sein, hier ein Quartier im Binnenland zu bekommen.

Eltern mit Kindern freuen sich, daß es hier weniger Verbotsschilder gibt als anderswo, weil Platz in Hülle und Fülle da ist. Und Kenner kommen wieder, manche Jahr für Jahr.

An diesen schönen Anblick werden Sie sich schnell gewöhnen: Krabbenkutter gehören zum Urlaub an der Küste wie Kluntjes zum Tee.

Zahlreiche Kureinrichtungen

und ein Meerwasser-Hallenwellenbad – Norden-Norddeich ist der größte Küstenbadeort der Ostfriesischen Halbinsel.

Norden

■ B 2

23 000 Einwohner

Das Nordseebad heißt Norden-Norddeich, und doch sind es zwei Orte: Die alte Stadt **Norden**, deren Sehenswürdigkeiten sich um den wohl größten (sieben Hektar!) baumbestandenen **Marktplatz** Europas gruppieren, zum Beispiel die **Ludgerikirche** mit einer bedeutenden Orgel, das größte Gotteshaus des Landes, und das einmalige **Teemuseum**. Die angebotene Führung heißt dementsprechend natürlich »Rund um den Norder Marktplatz«.

Norden, die älteste Stadt Ostfrieslands, hat mit dem nördlichen Stadtteil Norddeich (berühmt wegen seiner Seehundaufzuchtstation) zugleich eines der jüngsten Nordseebäder.

Norddeich: Badeort und Fährhafen

Und dann ist Norddeich der Umsteigebahnhof auf die Fähren nach Juist und Norderney. Von hier aus kann man auf dem Norddeich, der dem Ort seinen Namen gab, nach Utlandshörn zum Sender **Radio Norddeich** gehen oder besser wandern, denn bis dorthin ist es ein gutes Stück Weg, drei Kilometer etwa. Der Norddeich ohne begrüntes Vorland ist ein bei Sturmfluten gefährdeter Deich, daher ist er mit Stein- und Betonwerken und ins Meer reichenden Buhnen (Wellenbrechern) gesichert. Von **Utlandshörn,** auf hochdeutsch »äußerste Landspitze«, kann man bei guter Sicht im Westen Borkum und im Südwesten die holländische Küste erkennen.

Hören Sie ruhig mal rein: Das Prunkstück der Ludgeri-Kirche ist die über dreihundert Jahre alte Orgel, deren Töne so manchem Besucher – in positivem Sinne – durch Mark und Bein gehen.

Hotels/andere Unterkünfte

Fährhaus ◼ B 2
Ein komfortables Haus direkt am
Meer, an der Straße zum Hafen
gelegen. Medizinische Bäder- und
Massageabteilung; Bier- und
Cocktailbar »Windrose«.
Hafenstr. 1, Norddeich
Tel. 0 49 31/80 27, Fax 80 30
43 Zimmer
Obere Preisklasse (alle Kreditkar-
ten)

Hotel Reichshof
Komfortables Haus mit Tradition.
Zimmer mit dem Lift erreichbar, an-
erkannt gutes Restaurant.
Neuer Weg 53, Norden
Tel. 0 49 31/17 50, Fax 1 75 75
33 Zimmer
Mittlere Preisklasse (EC)

Silencehotel Regina Maris
Direkt an der Deichpromenade
gegenüber der Seebadeanstalt, mit
umfangreichen Freizeiteinrichtun-
gen und glasüberdachter Terrasse.
Badestr., Norden
Tel. 0 49 31/1 89 30, Fax 18 93 75
61 Zimmer
Obere Preisklasse (alle Kreditkarten)
Jan. geschl.

Sehenswertes

Ludgerikirche
Dem romanischen Langhaus wurde
im 14. Jh. ein gotisches Querschiff
angefügt, ein Jahrhundert später der
Chorraum. Die Arp-Schnitger-Orgel
(1686–94) können Besucher um
Ostern und im Sommer mittwochs
um 20 Uhr hören.
Am Markt 37
April–Sept. Mo–Sa 10–12.30 und
(außer Mo) 15–17 Uhr
Okt.–März Sa Nachmittag geschl.
Führungen Pfingsten bis Sept. Mo
10.30 Uhr, Do 15.30 Uhr

Seehundaufzucht- und
Forschungsstation ◼ B 2
Im Freizeitzentrum »Wellenpark« in
Norddeich finden Kinder und Er-
wachsene eine besondere Attraktion.
Seit 1980 werden hier junge mutter-
lose Seehunde großgezogen und im
September/Oktober wieder ins Wat-
tenmeer zurückgebracht. Bedeuten-
de Vogelsammlung.
Führungen möglich, Tel. 89 19
Tgl. 10–18 Uhr

Schöninghsches Haus
In der Osterstraße ist dieses Gebäude von 1576 mit Ostfrieslands
schönstem Renaissance-Giebel zu
bewundern.

*Besuch im Waisen-
haus: In Nordens
Seehundaufzucht-
station werden die
mutterlosen Heuler
aufgepäppelt,
um im Herbst »fit
for life« im Watten-
meer zu sein.*

SEHENSWERTE ORTE UND AUSFLUGSZIELE

Museen 🏛

Heimatmuseum Altes Rathaus
Neben der Entwicklungsgeschichte
der Stadt, der Landgewinnung und
des Deichbaus werden besonders
Dienstleistungsunternehmen ver-
gangener Zeiten vorgestellt: Zinn-
gießerei, Blaufärberei, Schuhmache-
rei, Kaufmannsladen.
Am Markt 36
März–Okt. Di–So 10–16 Uhr

Ostfriesisches Teemuseum
Mit dem Heimatmuseum verbunden
ist das 1989 eröffnete erste euro-
päische Teemuseum. Hier erfährt
man manches über die Teekultur
Ostasiens, Anbau, Ernte, Fermentie-
rung, Mischung und Zubereitung
sowie über Teetrinkergewohnheiten
und Rituale. Zu sehen ist auch eine
stattliche Sammlung von Teegerät-
schaften unterschiedlicher Länder
und Epochen.
März–Okt. Di–So 10–16 UhrTel.
0 49 31/1 21 00

Essen und Trinken

Fährhaus
Einen guten Fenstertisch sollte man
sich schon rechtzeitig reservieren,
wenn man zu einem Fischgericht den
Blick aufs Meer genießen möchte.

Hafenstr. 1
Tel. 0 49 31/80 27
Obere Preisklasse

Restaurant im Hotel Reichshof
Große und gute Auswahl nicht nur
ostfriesischer Speisen zu angemes-
senen Preisen. Schöne Terrasse.
Neuer Weg 53, Norden
Mittlere Preisklasse

Service ℹ

Auskunft
Kurverwaltung ■ B 2
Dörper Weg
26501 Norden-Norddeich
Tel. 0 49 31/98 62 00, Fax 98 62 90
Camping
Nordsee-Camp
Tel. 0 49 31/80 73

Freizeitzentrum Wellenpark ■ B 2
Am Dörper Weg in Norddeich findet
man eine Fülle von Freizeitangebo-
ten unter einem Dach: Meerwasser-
Hallenwellenbad, Treffpunkte für
große und kleine Gäste, Minigolfplatz, Rollschuhbahn, Seehundaufzuchtstation und Tiergehege.

Jugendherberge ■ B 2
Strandstr. 1
26506 Norden-Norddeich
Tel. 0 49 31/80 64

*Ein »Bonbon«
für Teeliebhaber
und solche, die
es werden wollen:
Im Ostfriesischen
Teemuseum in
Norden findet man
nicht nur Schönes
fürs Auge, sondern
auch jede Menge
Wissenswertes.*

Ziele in der Umgebung

Dornum ◼ C 2

2500 Einwohner

Nur wenige Kilometer von der Küste entfernt liegt ein Kleinod, das zu übersehen bei einem Ostfriesenurlaub sträflich wäre. Die »Herrlichkeit« Dornum hat aber mit schönem Anblick nichts zu tun, so wurden die ehemals vom Herrscherhaus Cirksena unabhängigen Territorien mit Sonderrechten bezeichnet. Zu sehen ist hier das **Dornumer Schloß**, eigentlich Nachfolger einer der drei Burgen, die hier im 14. Jh. entstanden sind. Zwei wurden 1541, nachdem sie während der Sächsischen Fehde zerstört worden waren, wieder aufgebaut. Die **Beningaburg** oder **Osterburg**, in der heute Hotel und Restaurant untergebracht sind, und eben die **Norderburg** oder das Schloß, das 1698 in der heutigen Form entstanden ist und in der jetzt Schüler unterrichtet werden. Über den äußeren Burggraben gelangt man auf einer Holzbrücke zur Einfahrt und zur **Torburg**. Vom Schloßpark über den Hauptgraben erreicht man das Hauptgebäude mit **Rittersaal**. Führungen nach Vereinbarung, Tel. 0 49 33/20 77

Service ℹ

Auskunft
Kurverwaltung Samtgemeinde Dornum GmbH
Tel. 0 49 33/20 77, Fax 5 49

Camping ◼ C 2
Campingplatz Dornumersiel
Tel. 0 49 33/3 51, 19 02

Esens ◼ D 2

6600 Einwohner

Wieder so ein Doppelname: Esens-Bensersiel. **Bensersiel** wurde 1619 als neuer Hafenplatz für Esens, den ehemaligen Sitz ostfriesischer Häuptlinge, gegründet. Die Eindeichung der Harlebucht hatte zur Aufgabe des alten Hafens geführt. Und so verfügt die kleine Stadt mit dem restaurierten Kirchplatz, mit Arkadentreff und Volieren fremdländischer Vögel über ein eigenes Ferienzentrum an der Krabbenküste. Zu einem der traditionsreichsten Schützenfeste Ostfrieslands versammeln sich hier jedes Jahr Tausende.

Museen

August-Gottschalck-Haus
Gedenkstätte und Ausstellung zur neueren Geschichte der ostfriesischen Juden.
Burgstr. 8
April–Okt. Di, Do, So 15–18 Uhr, Sa 10–12 Uhr

Museum für Holografie
Hologramme und »Spiele mit den menschlichen Sinnen«.
Kirchplatz
März–Okt. Mo–Do, Sa und So 10–12 Uhr und 14–18 Uhr

Service

Auskunft
Kurverwaltung Kirchplatz
26427 Esens
Tel. 0 49 71/91 50, Fax 49 88

Camping ◼ D 2
Familien-Campingplatz Bensersiel
Tel. 0 49 71/49 06 und 30 88

Jugendherberge
Grashauser Flage 2
Tel. 0 49 71/37 17

Hage ■ B 2

10 000 Einwohner

Im Land der 100 Burgen, Schlösser und Herrensitze kann man hier nicht nur in der Burg Berum, 200 m vom weißen Herrenhaus **Schloß Nordeck** entfernt, wohnen, sondern auch im Schloßpark der **Lütetsburg** aus dem 16. Jh. zwischen exotischen Bäumen, künstlichen Gewässern, Pavillons und »Lustgebüschen« spazieren. Besonders schön ist der Park im Mai und Juni, wenn die Narzissen, dann die Azaleen und schließlich der Rhododendron blühen (Zugang durch die Gärtnerei, westlich des Hauptportals). Die **Hager Mühle**, ein fünfstöckiger Galerienholländer, ist mit 30,20 m die höchste Mühle Ostfrieslands.

Hotels/andere Unterkünfte ▭

Gästehaus Burg Berum

Die meisten steinernen Zeugen der Vergangenheit in dieser Gegend sind bewohnt und gestatten dem Besucher nur einen Blick auf die Fassaden. Eine Ausnahme stellt die Burg Berum dar. Sie ist mit Gastzimmern (für Nichtraucher!), großräumigen Appartements und Ferienwohnungen sowie einer Sauna ausgestattet und liegt direkt am Wald. Leihfahrräder sind vorhanden. Vorschläge für Radtouren und Wanderungen, die direkt vor der Tür beginnen, gibt es im Haus. Hausgäste können sich mit vegetarischer Vollwertkost verpflegen lassen.
26524 Hage-Berum
Tel. 0 49 31/77 55
9 Zimmer und Ferienwohnung
Mittlere Preisklasse

TOPTEN 3

Neuharlingersiel ■ D 2

1200 Einwohner

Das Herz des alten Fischerortes, von dem in diesem schmucken Ferienort fast nichts übriggeblieben ist als ein schönes Fotomotiv, schlägt am Hafen, der von modernen Hotels und Restaurants gesäumt wird. Höhepunkt der Woche sind die sonntäglichen Hafenkonzerte vor der malerischen Kulisse. Hier gibt es Meerwasserhallenbad, Tropengarten, Fitneßstudio, Jugendtreff – und wenige Schritte hinter dem Ort hört man wieder die Nordsee.

MERIAN-TIP

Zum Kaffee im Herrensitz in Neuharlingersiel. **Der Sielhof**, im 18. Jahrhundert gebaut, war zur Jahrhundertwende ein Herrensitz. Erst 1989 hat der Kurverein des Ortes das Anwesen erworben und es zu einem schönen Café ausgebaut und um Glaspavillon und Terrasse erweitert. Nun kann man im feinen Haus bei Ostfriesentee sitzen, in Upkammer und Hauskapelle sehen, die manche für ihre Hochzeit reservieren. Fürs Foto ist es nicht weit zum schmucken Hafen. Di–Sa 11–21, So 11–19 Uhr, Tel. 0 49 74/6 05 ■ D 2

Sehenswertes

Seriemer Mühle
»Goede Verwachting«
Windmühle von 1804 und Sägewerk
von 1828, Mühlenmuseum und Teestube.
Tel. 049 74/228
Teestube April–Okt.
tgl. 10.30–12.30 und 14.30–
18.30 Uhr
Richtung Esens, vor Groß Holum
links abbiegen, die Mühle liegt
links.

Museen

Buddelschiffmuseum
Miniaturmodelle von Schonern,
Gaffeln und Barken in Flaschen.
Am Hafen Westseite 7
27. Dez.–Mitte Jan., Mitte Feb.–Nov.,
Mi–Mo 10–13 und 14.30–18 Uhr

Service

Auskunft
Kurverwaltung Hafenzufahrt West 1
26427 Neuharlingersiel
Tel. 0 49 74/1 88 12, Fax 7 88

Wittmund ■ D 3

8300 Einwohner

Carolinensiel, Harlesiel, Altfunnixsiel – alle gehören zur Stadt Wittmund, die somit über einen Binnen-
hafen im Wattenmeer verfügt, um-
geben von einem Kur- und Ferienzentrum.

Der älteste Siedlungskern von
Wittmund ist um die Nicolaikirche
herum zu finden, die seit 1776 eine
Vorgängerin von 1541 ersetzt. Einen
Schloßpark gibt es bei der Stadthalle, mit der einzigen vollständig erhaltenen Wallanlage Ostfrieslands,
aber ohne Schloß.

Zehn Autominuten liegen zwischen Carolinensiel und Wittmund,
und fast in der Mitte ist Altfunnixsiel
zu finden mit der Miniaturstadt **Lüt-
ge Land**.
Mai–Okt. 9–19 Uhr

Im Rathaus von Wittmund
regiert man auch die »Stadtteile«
Carolinensiel, Harlesiel und
Altfunnixsiel, die jedoch etliche
Kilometer weiter Richtung
Küste liegen.

Die Seeräuber waren als erste da. Sie errichteten 1383 die »Sibetsburg«. Und dann kam Prinz Adalbert mit dem Auftrag, eine preußische Flotte aufzubauen.

Wilhelmshaven   ■ F 3

90 000 Einwohner
Stadtplan → Umschlag Rückseite

Die »Grüne Großstadt am Meer« entstand mit der Anlage eines Kriegshafens 1856 bis 1869. Menschen aus allen preußischen Provinzen erhofften sich hier Arbeit und besiedelten die umliegenden Dörfer, die zunächst zur Stadt Rüstringen vereinigt wurden und dann zu Wilhelmshaven kamen. Zunächst waren typische Arbeitersiedlungen mit Reihen- und Doppelhäusern entstanden, ab 1913 eine Kolonie am Stadtrand, und vieles erinnert heute noch an die typische Bauweise der 20er Jahre. Das Schön-

ste an der Stadt: Man ist in einer Viertelstunde an der Nordsee. Mit ihr verbinden sich auch die Hauptereignisse: das Jade-Surf-Festival im Juni und die Strandfeste während der Ferienzeit. Das Stadtjubiläum zum 125. Geburtstag wurde 1994 am 17. Juni im Nassauhafen gefeiert. Rocknacht, Festival of Sea Music und andere kulturelle Veranstaltungen finden das ganze Jahr über statt.

Nicht gerade die malerischste aller friesischen Küstenstädte – aber immerhin: An der Promenade von Wilhelmshaven ist gut »bummeln«.

Hotels/andere Unterkünfte

Nordseehotel nördlich ■ d 1
Auch wenn man es von außen vielleicht nicht glauben mag, hinter diesen Mauern verbirgt sich ein behagliches Silence-Hotel mit Sauna, Spielraum und empfehlenswertem Panorama-Restaurant.
Zum Ölhafen 205
Tel. 0 44 21/96 50, Fax 96 52 80
51 Zimmer
Obere Preisklasse (alle Kreditkarten)

Seerose ■ d 3
Am Südstrand, was mit einem bißchen Glück den Blick aufs Meer bedeutet.
Südstrand 112
Tel. 0 44 21/4 33 66, Fax 2 88 01
15 Zimmer
Mittlere Preisklasse (EC, Visa, Diners)

Spaziergang

Gänge durch die Gründerzeit
Jeden Sonntag um 10 Uhr, von Mai bis Sept., auch am Sonnabend um 15 Uhr, treffen sich alle, die unter Leitung einer Wilhelmshaven-Hosteß einen Rundgang durch das Wilhelmshaven der 70er und 80er Jahre des vorigen Jahrhunderts machen wollen. Zum Abschluß wird typisch friesischer Tee getrunken. Bei unfreundlichem Wetter findet der Rundgang im Saal statt – als Dia-Schau.
Inklusive Teepause 15 DM
Anmeldung erforderlich
Tel. 0 44 21/92 79 30

Sehenswertes

Feuerschiff ■ d 3
Das Weserfeuerschiff »Norderney«, das bis 1981 noch den Schiffen in der Deutschen Bucht den Weg gewiesen hat, liegt jetzt neben der Kaiser-Wilhelm-Brücke am Bontekai und kann besichtigt werden.
Tgl. 11–24 Uhr

Pumpwerk ■ b 3
Der Name täuscht, wenn hier etwas gepumpt wird, dann Kultur in die Besucher, und das in einer Weise, die dieses Kulturzentrum im ehemaligen Pump- und Schöpfwerk seit 16 Jahren über die Grenzen Niedersachsens bekannt werden ließ. 1991 renoviert, mit Bistro und Biergarten bestückt, erfreut das Pumpwerk mit internationalen Jazzveranstaltungen und Kleinkunst.
An der Deichbrücke
Tel. 0 44 21/4 38 77

Seewasseraquarium ■ d 3
Eine der größten Attraktionen für Landratten, läßt sich hier doch die Unterwasserwelt der Nordsee beobachten. Am Strand liegt die »U 10«, ein Unterseeboot.
Südstrand 21
Tgl. 10–18 Uhr

Wattenmeerhaus ■ d 3
Ein Erlebniszentrum, in dem man das ganze Wattenmeer als Lebensraum von Tieren, Pflanzen und Menschen erkunden kann.
Südstrand 110b
Tgl. 10–18 Uhr

Museum

Küstenmuseum ■ b 1
Die Geschichte der Stadt Wilhelmshaven, die Entstehung der Nordseeküste, Deichbau und Ausgrabungen vor- und frühgeschichtlicher Wurtensiedlungen sind hier dokumentiert.
Souterrain des Cityhauses
Rathausplatz 10
Di–Fr und So 10–13 und 14–17 Uhr, Sa 10–13 Uhr, Juli und Aug. auch Mo

Essen und Trinken 🍽

Ratskeller ▪ b 1
Gut und günstig, mit Biergarten.
Rathausplatz 1
Tel. 0 44 21/2 19 64
Untere bis mittlere Preisklasse

Service ℹ

Auskunft ▪ b 2
Freizeit in Wilhelmshaven GmbH
Wilhelmshaven-Information
Bahnhofsplatz 7
26382 Wilhelmshaven
Tel. 0 44 21/91 30 00

Ziel in der Umgebung

Jever ▪ E 3
12 800 Einwohner

Am eindrucksvollsten sind für den Besucher zunächst die 32 m hohen Gärtürme der **Brauerei**, aber er sollte die sehenswerte **Altstadt** mit Rathaus, Schloß und Stadtkirche nicht versäumen. Die **Stadtkirche** wurde am Ort ihrer 1959 abgebrannten Vorgängerin wieder aufgebaut und kontrastiert mit dem von 1609– 1621 errichteten **Rathaus** mit Renaissancegiebel und Wandtäfelung. Die Schloßstraße führt auf das Wahrzeichen von Jever zu. Ältester Teil der Anlage ist der 1428 errichtete **Wehrturm**, der später zur **Wasserburg** erweitert wurde.

Sehenswertes 👁

Friesisches Brauhaus
Das traditionelle Brauhaus mit Brauereimuseum kann man nach frühzeitiger Anmeldung besichtigen.
Tel. 0 44 61/1 37 11

Museum 🏛

Schloßmuseum
Wohnkultur des 18. und 19. Jh. Umfangreiche Sammlungen zur Kulturgeschichte.
Di–So 10–18 Uhr, Mo und Mitte Jan. bis Ende Feb. geschl.

Keine Kompromisse, kein anderes Bier: Im Friesischen Brauhaus wird einzig und allein das herbfrische Jever Pils gebraut.

Aufgewacht ist es schon längst, das Dornröschen der Nordsee, und so klein, daß nur Zwerge dort Platz hätten, ist die Insel mit dem feinsten Badestrand auch nicht.

Baltrum   ■ C 1/C 2

560 Einwohner

Auf einer Fläche von sechseinhalb Quadratkilometern leben 560 Einwohner, knapp 40 Hunde, vermutlich 10 Hühner, einige Schweine (die essen müssen, was die Gäste auf den Tellern lassen), Hasen, freche Fasane und einige Rehe. Und was hat die Kleine sonst? Die blaue Europaflagge für umweltgerechtes Verhalten, aber die haben andere auch. Der Umweltausschuß hat sogar eine Liste der Betriebe veröffentlicht, die ein umweltfreundliches Frühstück – also ohne diese eingeschweißten Plastik-Probepackungen – anbieten.

Es heißt hier zwar nicht Jute, aber Baumwolle statt Plastik. Umweltschutz auf Baltrum bedeutet auch Mehrweg- statt Einwegflaschen, Papiertüten, Schwimmbad mit Wärmerückgewinnungsanlage, vollbiologische Kläranlage, Verwendung umweltfreundlicher Reinigungsmittel in gemeindeeigenen Anlagen.

Und dann gibt es noch die Strandwinde, die eigentlich seit 1982 in Deutschland ausgestorben ist. Sie kommt in nur wenigen Exemplaren vor, aber viel-

Von schlichter Schönheit: Die alte Inselkirche steht unter Denkmalschutz. Die Glocke davor gilt als Wahrzeichen von Baltrum.

leicht haben Sie ja Glück und sehen eine. Der **Strand** ist das Feinste auf Baltrum. Seine Breite schwankt mit den Gezeiten. Bei Niedrigwasser kann er im Hauptbad bis zu 200 Meter breit sein, bei Hochwasser schrumpft er auf ungefähr die Hälfte, und die Strandzelte müssen etwas nach hinten gerückt werden.

Alles liegt dicht beieinander

Egal, wo auf der Insel man wohnt oder wo man hin will, man ist praktisch schon da. Am Strand, in den Dünen, im Café, im Rathaus, auf dem Kinderspielplatz, beim Einkaufen. Die Tageszeitung gibt es, kurz nachdem die Fähre (tideabhängig) angekommen ist, der Weg vom Hafen ins Zentrum ist auch nicht weit. Straßennamen braucht Baltrum nicht, und auf Hausnummern ist kein Verlaß, sie sind mit der Reihenfolge des Häuserbaus entstanden.

Nummer 5 ist wohl das älteste Inselhaus, Wind und Stürmen angepaßt und dementsprechend niedrig, mit kleinen Fenstern und Giebeln zum Watt. Ähnlich alte Häuser stehen auch im Ostdorf. Ach ja, das Haus Nummer 5 findet man hinter dem Haus Nummer 6, vom Kirchenausgang gesehen. Die Glocke vor der alten Inselkirche, die 1826 erbaut wurde und längst unter Denkmalschutz steht, gilt als das eigentliche Wahrzeichen des »Dornröschens der Nordsee« – eine holländische Schiffsglocke, irgendwann an den Strand gespült.

Das ideale Transportmittel auf den Inseln sind die »umweltgerechten« Pferdewagen – beliebt bei groß und klein.

Das Meer hat im Westen die Substanz der Insel trotz ständiger Baumaßnahmen so angegriffen, daß sich Anfang 1990 erhebliche Schäden am Schutzwerk des Westkopfes zeigten, die aber in jahrelangen Arbeiten mittlerweile beseitigt worden sind.

Der erste Eindruck, man könne mit einem Tagesausflug alles sehen und erfahren, trügt. Unterschiedlich lange Wanderwege erschließen immer neue Ausblicke: Auf einer Wanderung um die Insel herum zum Beispiel kann man bis zu den Nachbarn auf Langeoog, Norderney, sogar zum Festland sehen und in warmen Sommernächten die Leuchttürme und Feuerzeichen orten.

Hotel

Hotel Dünenschlößchen
Eins der Häuser mit umweltfreundlichem Frühstück und Restaurant mit Nichtraucherzone, Babywickelraum und Behinderten-WC, Bibliothek, Sonnenterrasse, aber wie alle Hotels auf der Insel – einige Pensionen ausgenommen – nur von Mitte März bis Mitte Oktober geöffnet.
Ostdorf 48
Tel. 0 49 39/9 12 30, Fax 91 23 13
43 Zimmer
Obere Preisklasse (EC, Visa, Diners)

Essen und Trinken

Hotel Fresena
Schön essen gehört zum Urlaub, und hier trägt das Ambiente dazu bei: die Gute Stube, Schalentiere und Mowi-Lachs sind die Spezialitäten des Hauses.
Tel. 0 49 39/2 31
März–Okt. tgl. ab 17.30 Uhr
Obere Preisklasse

Witthus an't Brüg
Auf dem Weg vom Hafen, beim Spaziergang – irgendwann zieht es jeden in das schöne und gepflegte Reetdachhaus.
Tel. 0 49 39/3 58
Tgl. ab 11 Uhr
Mittlere Preisklasse

Service

Auskunft
Kurverwaltung
Postfach 120
26572 Baltrum
Tel. 0 49 39/80 48, Fax 80 27

Ausflüge
Zu den Nachbarinseln und nach Helgoland fährt die Baltrum-Linie.
Tel. 0 49 39/2 35

Camping
Auf dem Gelände des Niedersächsischen Turnerbundes kann man zelten, aber nur nach Anmeldung und Bestätigung der Kurverwaltung.

Fahrkarten
Fahrkarten für die Fähre gibt es auf dem Schiff.

Fahrradfahren
Nicht erwünscht: »Die aggressive Salzluft bekommt Ihrem Drahtesel nicht«.

Fliegen
Die **Baltrum Flug GmbH** veranstaltet regelmäßig Rundflüge und Flüge nach Helgoland.
Tel. 0 49 39/5 38

Garagen
Am Fährhafen in Neßmersiel.
Tel. 0 49 33/22 23, 7 21 und 23 63

Gymnastik
Strandgymnastik findet im Sommer jeden Morgen um 10 Uhr statt, bei ungünstiger Witterung in der Sporthalle am Strand.

Inselwanderungen
Regelmäßige Wanderungen mit Erläuterungen zu Flora und Fauna; Termine gemäß Aushang.

Nationalparkhaus
Information zum Wattenmeer.
Haus Nr. 177
Tel. 0 49 39/4 69

Tennis
Auskunft und Anmeldung
Tel. 0 49 39/2 88 und 6 99

Windsurfen
Surfkurse und Boardverleih bei der Surfschule Ulfert Mammen an der Strandpromenade.
Tel. 0 49 39/4 33

Tradition und Moderne, alt und neu, ländlich und städtisch – eine liebenswerte Mischung, die die 36 Quadratkilometer Borkum zu einer interessanten Insel macht.

Borkum   südwestlich ■ A 2

6000 Einwohner
Karte → S. 79

Die Reise nach Borkum kann ganz ungewöhnlich anfangen: Seit einigen Jahren läßt sie sich vom Emdener Außenhafen von vorher 2,5 Stunden auf weniger als die Hälfte verkürzen, und zwar mit Hilfe eines Nordlichts. So heißt nämlich der erste deutsche High-Speed-Catamaran, ein schneller Flitzer, der allerdings keine Autos befördert. 272 äußerst komfortable Sitze mit der Beinfreiheit eines Edelkinos erzeugen in dem in Norwegen gebauten Gefährt ein ähnliches Reisegefühl wie in einem Trans-atlantikjet. Angetrieben wird die MS Nordlicht von zwei Wasserstrahlaggregaten mit gleichzeitig lenkbarem Wasserstrahl. Zwei Motoren mit zusammen 5000 PS erzeugen die Kraft für diesen Antrieb. Alle Räume sind vollklimatisiert – klar, daß man bei 38 Knoten (das sind 70 Kilometer pro Stunde!) nicht mehr an Deck klettern und die Haare im Wind flattern lassen kann.

Borkum leuchtet: Neben »strahlenden« Hotel- und Geschäftsbauten nimmt sich das Licht des – immerhin bereits 1879 erbauten – Neuen Leuchtturms fast dezent aus.

Aber auch mit der normalen Fähre kommt man an, nur ein bißchen später. Weiter geht es mit Bus und Inselbahn, die, seit 1994 mit neuen Zügen und jetzt mit Rapsöl betrieben, achtmal am Tag – und im Jahr etwa 600 000 Inselgäste befördert. Auch die ausgefallene Spurweite von 900 Millimetern und einen zweigleisigen Streckenbetrieb hat keine der anderen Inseln zu bieten. Vorbei am abgesperrten Militärgelände zuckelt das Bähnchen in den Ort.

Vom Fischerort zum Seebad

6000 Einwohner warten mit 1800 Betten in Hotels, 7793 in Pensionen und 6960 in Appartements auf Feriengäste. Dazu gibt es natürlich noch Sanatorien und Kurkliniken, Familien-, Kinder- und Jugendheime und einen Campingplatz.

Der schnelle Aufstieg des ehemaligen Fischerortes hat den alten Ortskern stark verändert. Sicher, das typische Insulanerhaus, wie es noch im Borkumer **Heimatmuseum** zu sehen ist, das **Gulfhaus,** war zur Unterbringung von Menschen und Tieren unter einem Dach und nicht als Ferienappartement gedacht. So wich auch hier das Alte dem Zweckmäßigen zugunsten einer neuen Existenzgrundlage für die Borkumer. Die große Zeit der Walfangkapitäne und Kommandeure war im 18. Jahrhundert zu Ende gegangen. Geblieben sind nur die stumpf-grauweißen Zäune aus Walkiefer, die an einigen Vorgär-

ten noch zu sehen sind, und die Erinnerung an die darauf folgenden Zeiten der Armut. Nicht alle mögen zunächst unglücklich gewesen sein, als die »große Zeit« zu Ende ging, denn mehr als ein Drittel der Ernährer der Borkumer Familien war »auf See geblieben«.

Leben von Luft

So leben die Borkumer jetzt vom Hochseeklima. Der Spaziergang am Flutsaum gilt als Inhalationskur in der Natur. Erkrankungen der Atemwege, aber auch Allergien und vegetative Störungen kann man hier mit Kuren behandeln: die dazu erforderlichen Einrichtungen gibt es in sichtlich ausreichendem Maß. Deren schönste ist vielleicht das **Nordsee-Hotel** über dem Strand, das sich zu einem der komfortabelsten Häuser der Insel entwickelt und dabei doch seine traditionelle Architektur gewahrt hat.

Erste Eroberung

Vielleicht sollte man zuerst auf einen Leuchtturm klettern, um sich einen Überblick zu verschaffen? Von der Turmbrüstung des alten Leuchtturms neben dem Museum hat man, sagen einige, den schönsten Blick auf die Insel. Dasselbe behaupten andere vom neuen Leuchtturm mitten im Kurviertel, der »nur« 112 Jahre alt ist. Der Neubau stand damals noch mitten in den Dünen. Heute liegt er hinter der Strandpromenade, und wer die 300 Stufen zu erklimmen bereit ist, sollte ein Fernglas mitnehmen: Man blickt über die Emsmündung zur holländischen Küste hinüber und sieht etwa sechs Kilometer entfernt die kleine Insel **Rottun** mit ihrer Vogelschutzkolonie. Seit Jahren wandert sie nach Osten und wird wohl irgendwann in der Emsmündung untergehen, weil ihre Befestigung zu teuer ist.

Im Süden und Südosten sieht man Dünen und Dellen – die dunkelgrünen, bewaldeten Dünentäler –, weiterhin das Naturschutzgebiet **Greune Stee**, fast sieben Kilometer im Südosten eine Häusergruppe an der Reede und, wenn die Sicht sehr klar ist, sogar das 20 Kilometer entfernte Festland am Horizont.

Ausgedehnte Strandspaziergänge sind die Lieblingsbeschäftigung vieler Borkum-Urlauber – und vielleicht gibt's ja anschließend ein Konzert im Pavillon an der Promenade?

Im Südosten liegt der alte Teil der Stadt, an dessen Ostrand der Turm. Dahinter breiten sich Wiesen und Wälder aus. Man erkennt den Deich, der die Außenweiden entlangführt, und einen Durchbruch, der die Insel in Ostland und Westland teilt. Hier, im **Tüskendör**, liegen der Flugplatz und dahinter noch einige Bauernhöfe, bevor eine endlose Dünenlandschaft in einer Sandplatte ausläuft, die direkt auf das neu entstehende Inselchen **Lütjehörn** zeigt.

Nach diesem Überblick haben Sie eine Vorstellung davon, was 120 Kilometer Wanderwege bedeuten, und daß der Urlaub zu deren Bewältigung, zumal zu Fuß, zu kurz sein wird. Denn außerdem warten noch Europas größtes Meerwasserhallenbad, eine Reithalle, das Nordsee-Aquarium, 4,5 Kilometer Strandpromenade und vielleicht ein Ferienkurs (Kosmetik oder Seidenmalerei), Rollerrennen ...

Hotels

Nordsee-Hotel ■ a 2
Wie ein großes Schiff aus bester
Bäderzeit liegt es vor dem Strand,
aber nur der Eingang liegt in der
Seitenstraße. Das komfortable Haus
verfügt über einen eigenen Kurbe-
trieb mit Friesentherme (Meeressol-
Bewegungsbecken, Massagestati-
on, römisches Dampfbad, finnische
Sauna usw.) Vom Frühstücksbuffet
bis zur Diätküche ist alles da.
Bubertstr. 9
Tel. 0 49 22/30 80, Fax 30 81 13
89 Zimmer
Luxusklasse (alle Kreditkarten)

Ostfriesenhof ■ a 2
Außen strahlendweiß und innen
freundlich-friesisch, große See-
terrasse.
Jann-Berghaus-Str. 23
Tel. 0 49 22/70 70, Fax 31 33
Obere Preisklasse (alle Kredit-
karten)

Seehotel Upstalsboom ■ a 2
Ein Haus aus Kaisers Zeiten, aber
nur von außen. Das ehemalige
»Prinzessin Eitel Friedrich« hat sich
in der Hand der Hotelkette, die ähn-
liche Häuser auf Nachbarinseln und
an der Nordseeküste betreibt, einer
gewaltigen Verjüngungskur unter-
zogen. Helles Holz, freundliche
Farben, Radio, Fernsehen und Mini-
bar machen den Aufenthalt angenehm. Neben internationalen Gerichten stehen im Restaurant auch
ostfriesische Spezialitäten auf der
Speisekarte, und die bekommt man
auch auf Borkum eher selten.
Viktoriastr. 2
Tel. 0 49 22/20 67, Fax 71 73
39 Zimmer
Obere Preisklasse (alle Kreditkarten)

Sehenswertes

Alter Leuchtturm ■ a 2
1576 von der Emder Bürgerschaft
als Seezeichen gebaut, wurde der
Turm vor einigen Jahren renoviert
und ist seitdem zugänglich.
Kirchstr.
Führungen tgl. außer So 11 und
15 Uhr
Gruppen- und Sonderführungen
nach tel. Anmeldung
Tel. 0 49 22/38 53 und 6 74

Feuerschiff Borkumriff ■ b 3
Als letztes Feuerschiff am 15. Juli
1988 außer Dienst gestellt, liegt
es im Borkumer Schutzhafen. Von
1888 an wiesen Feuerschiffe Seeleuten aus aller Welt den Weg in die
Deutsche Bucht. Auf der Borkumriff
wurde am 19. Mai 1900 die erste
Küstenfunkstelle der Welt in Betrieb
genommen. Seit 1989 betreibt ein
Förderverein die Borkumriff als
Nationalparkschiff. Es ist weiterhin
fahrbereit und dient als Informationszentrum für den Nationalpark
und als Küstenfunk- und Schiffs-
museum.
Führungen nach Vereinbarung
Tel. 0 49 22/20 30 und 30 32 24

Neuer Leuchtturm ■ a 2
Der 64 m hohe Turm wurde 1879
in nur sieben Monaten Bauzeit errichtet.
Strandstr.
April–Okt. tgl. 10.30–11.30 und
15–16.30 Uhr

Nordsee-Aquarium ■ a 2/a 3
Die sehenswerte Unterwasserwelt
vor Borkums Gestaden ist hier zu
bestaunen.
Promenade am Südstrand (Sonnen-
terrasse)
März–Okt. tgl. 10–12 und 14–18 Uhr,
So und Mo Nachmittag geschl.

Museum 🏛

Heimatmuseum Dykhus ◼ a 2

Vor einigen Jahren entdeckte der Kustos Helmer Zühlke eine komplette alte Werkzeugkiste eines Schiffszimmermannes. Die Reste eines alten Dorfbrunnens aus dem 13. Jh. wurden erhalten, die Ausrüstung der Walfänger ausgestellt, und auf alten Fotos entdeckt man vielleicht sein Ferienhaus noch in anderer Gestalt wieder – eigentlich findet sich hier alles, was zur Vergangenheit der Insel gehört.
Roelof-Gerritz-Meyer-Str.
Tel. 0 49 22/38 53 und 6 74
Im Sommer tgl. 10–12 und Di–Sa 16–18 Uhr, Mo geschl.; im Winter Di und Fr 16–18 Uhr

Essen und Trinken ⊠

Fischerkate ◼ a 2

Wer auf der »falschen« Seite der Insel wohnt, nimmt es gern in Kauf, sich hierher hungrig zu laufen. Die hauseigene Räucherei lockt.
Hindenburgstr. 99
Tel. 0 49 22/38 44
Untere und mittlere Preisklasse

Kattegat ◼ a 2

Restaurant im Hotel Poseidon. Zu einer hervorragenden Küche gesellt sich hier ein Vorteil, den nur wenige vorweisen können: ein herrlicher Blick aufs Meer.
Bismarckstr. 40
Tel. 0 49 22/8 11
Obere Preisklasse

Marco Polo ◼ a 2

Wer auch an der Nordsee italienisch essen möchte, findet hier neben Fisch natürlich Pasta, die richtige Grundlage für den Disco-Abend.
Georg-Schütte-Platz
Tel. 0 49 22/18 98
Mittlere Preisklasse

Swarte Evert ◼ a 2

Gutes Essen in angenehmer Atmosphäre und mit Terrasse.
Reedestr. 5
Tel. 0 49 22/37 71
Mittlere Preisklasse

Am Abend 😀

Kajüte ◼ a 2

Wenn die jungen Borkumerinnen in den Semesterferien wieder auf die Insel kommen, sehen sie hier nach, wer in diesem Jahr so da ist – die Disco.
Bismarckstr. 6
Tel. 0 49 22/15 05
Tgl. 20–3 Uhr

Spielcasino ◼ a 2

Im Borkum-Bahnhof wird von Mai bis Sept. Roulette und anderes gespielt, im Winter warten nur Glücksspiel-Automaten auf die Gäste.
April–Okt. 11–23 Uhr, Nov.–März 14–22 Uhr

Yachthafen-Restaurant ◼ b 3

Wer als Gast Insulaner treffen will, sollte sich hierher begeben, zum Schnacken, Kaffeetrinken, aber auch zum Essen.
Tel. 0 49 22/43 98
Tgl. 10–22 Uhr

Service ℹ

Auskunft
Verkehrsbüro am Bahnhof ◼ a 2
Tel. 04922/8 41, Fax 8 44

Kurverwaltung ◼ a 2

Goethestr. 1
26757 Borkum
Tel. 0 49 22/1 94 33, Fax 93 31 04

Angeln

Von den Buhnen, im Hafen und auf Angelfahrten kann man Aal, Dorsch, Knurrhahn, Scholle und Makrele angeln – wenn man Glück hat. Krabbenfischerei ist im Watt möglich. Das Fischen in den Küstengewässern der Insel ist frei. Im »Hoppschlot«, dem Vereinsgewässer des Sportfischervereins Borkum, sind Sportfischerpaß und Gastkarte nötig.
Tel. 0 49 22/18 87

Baden ■ a 2/a 3

Nordbad, Südbad, Jugendbad und FKK; vier bewachte Strandbäder sind entlang der Kurpromenade eingerichtet. Das Baden ist nur auf den gekennzeichneten Abschnitten gestattet. Der etwa 1200 x 100 m große FKK-Strand mit sanitären Anlagen, Kinderspielplatz, Kiosk und separatem Hundestrand liegt im Norden der Insel. Das Gelände ist etwa 5 km vom Ort entfernt und auch mit dem Bus erreichbar.

Meerwasser-Wellen-Hallenbad ■ a 2

50 x 25 Meter-Becken, 27° Wassertemperatur, Wellenhöhe bis zu einem Meter, Milchbar-Café mit Freiterrasse.
Tel. 0 49 22/30 32 98
Eintritt (nur mit Kurkarte) 8 DM, Kinder ab 4 Jahren 4 DM, Familienkarte (2 Erw., 1 Kind) 17 DM

Schwimmunterricht

Für Kinder ab fünf Jahren, im Meerwasser-Wellen-Hallenbad.
Tel. 30 33 39

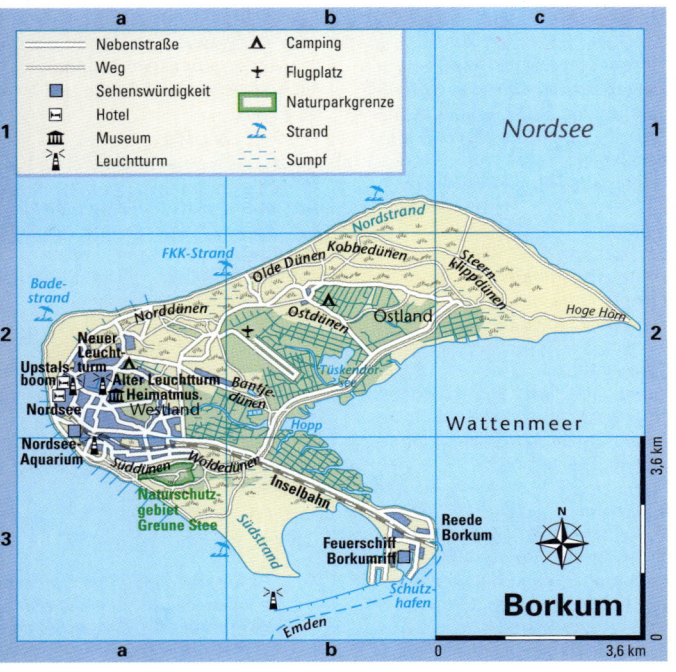

Busverbindungen
Mehrmals tgl. vom Busbahnhof zum Hafen, Flugplatz, FKK-Strand und Ostland. Von Ende Sept. bis Ende Mai wird die Ostlandlinie nur an Samstagen, Sonn- und Feiertagen bedient. Fahrplan am Fahrkartenschalter und im Verkehrsbüro.

Camping
Camping-Aggen ▓ b 2
Ostland 1
Tel. 0 49 22/22 15

Insel-Camping ▓ a 2
Hindenburgstr. 114
Tel. 0 49 22/10 88

Flugverkehr
OFD Emden
Tel. 0 49 21/8 99 20, Fax 89 92 22
OFD Borkum ▓ b 2
Tel. 0 49 22/6 86 und 10 38
Der Flugplatz verfügt über eine 1000 m lange befestigte Start- und Landebahn der Klasse 2 mit Nachtbefeuerung. Zugelassene Landeplatz für Flugzeuge bis 6000 kg, Tankanlage.
Flugleitung Tel. 0 49 22/38 48

Garagen
Großgaragen und Abstellplätze in Emden-Außenhafen, ca. 300 m vom Anleger entfernt.
Tel. 0 49 21/89 07 41

Gymnastik ▓ a 2/a 3
Von Juni bis Sept. Strandgymnastik für Erwachsene und Kinder unter Anleitung; am Nord- und Südbad und am FKK-Strand.

Inselbahn ▓ a 2/b 3
Verkehrt vom März bis Okt. zwischen Anleger Borkum-Reede und Hauptbahnhof mit Haltestelle Jakob-van-Dyken-Weg, sonst Busverkehr.
Fahrkartenschalter
Tel. 0 49 22/30 90, Fax 3 09 34

Jugendherberge ▓ a 2
Jann-Berghaus-Str. 63
Tel. 0 49 22/5 79

Reiten
Reitstall Jütting ▓ a 2
Tel. 0 49 22/24 78

Schiffsverkehr
Reederei AG Ems
Emden-Außenhafen
Tel. 0 49 21/89 07 22, Fax 89 07 46

Segeln ▓ b 3
Im Juli–Aug. findet eine Segelregatta mit Hafenfest statt. Yachthafen. Auskünfte zu allem, was Segeln betrifft: Tel. 0 49 22/38 80

Strandsauna ▓ a 2
Von Mai bis Sept. am FKK-Strand.
Tel. 0 49 22/17 29

Taxi
Taxistände gibt es am Bahnhof, am Anleger Borkum-Reede und am Flugplatz.
Tel. 0 49 22/10 01

Tennis ▓ a 2
Turnieranlage mit 8 Plätzen, davon 4 Aschen-, 2 Allwetter- und 2 Hallenplätze. Platzvermietung, Einzelunterricht, Tennisschule ganzjährig.
Bismarckstr.
Tel. 0 49 22/5 29

Wattwanderungen TOP
Das Betreten des Wattenmeers ist nur unter Führung der amtlich zugelassenen Wattführer gestattet. Termine werden ständig bekanntgegeben.

Sommer auf Borkum: Im Sand buddeln und dabei die warme Sonne auf dem Rücken spüren – das reicht zum Glücklichsein.

Dat Töwerland« – das Zauberland – wurde sie um die Jahrhundertwende genannt, und sie zählt für einige zu den sieben schönsten Inseln der Welt.

Juist

■ A 2/B 2

1400 Einwohner

Wer hat gesagt, Juist sei »der lange Lulatsch« unter den Ostfriesischen Inseln? Sicher, die Insel ist 17 Kilometer lang und sehr schmal, stellenweise sogar nur 500 Meter breit, aber sie ist die feinste, eleganteste, exklusivste. Neben ihren Nobelhotels hat die Exquisite aber auch Ferienhäuser zu für Ostfriesland normalen Preisen anzubieten. Im Restaurantführer Gault Millau zählt die »Gute Stube« des Hotels Achterdiek zu den hundert besten der Republik. Küchenchef Heinz-Peter Koßmann gibt auch Kurse für Gäste des Hauses.

Kunsthandwerk, das seinen Namen verdient, ist hier nicht nur zu sehen, wenn die Arbeitsgruppe **Kunsthandwerk Ostfriesland** im Juister Küstenmuseum ausstellt. In der Friesenstraße entstehen die **Blechblasinstrumente** von Norbert Axmann, und in der Gräfin-Theda-Straße die **Keramikarbeiten** von Annemarie und Werner Schmidt Tummeley. Nicht genug des Originellen. Mit dem **Hammer See** besitzt Juist den

Biotraining, Entspannungsmassage, Fünf-Sterne-Kochkurse ... Juist, die Noble, hat weit mehr zu bieten als weißen Sand und bunte Strandkörbe.

einzigen Süßwassersee der Ostfriesischen Inseln. Die Jugendbildungsstätte Juist lehrt nach einem einmaligen pädagogischen Konzept das **Motorfliegen**.

Insel der Ruhe – hier bleibt man länger

Fast die ganze Insel zählt zum Nationalpark Wattenmeer, in dem die Inselorte **Loog** und **Dorf** mit ihren kleinen flachen Häusern fast verschwinden. Keine Hochhäuser, keine Autos, nichts, was Lärm macht, sogar die Wellenmaschine des Hallenbades arbeitet geräuschlos. Außerhalb des Ortes verschlucken Sand und Dünen die Geräusche; am Strand allerdings darf gelärmt werden, auch das Meer läßt sich das Rauschen nicht verbieten.

Nur wenige Tagesgäste kommen auf die Insel, mehr als ein bis zwei Verbindungen am Tag gibt es mit der tideabhängigen Fähre nicht. Wer hinfährt, bleibt länger, im geschäftigeren **Dorf** oder im ruhig-romantischen **Loog**. Den Transport übernehmen Pferdewagen, aber eigentlich ist Juist die ideale Wanderinsel. Nirgends kann man so offensichtlich zwischen Himmel, Erde und Meer stehen wie an den Inselenden, die von der Mitte aus gesehen oft in Dunst gehüllt daliegen. Eine der schönsten Wanderungen führt von den **Kalfamer Muschelfeldern** im Osten über die Wilhelmshöhe zu den Goldfischteichen.

Nach mehr als 140 Jahren Erfahrung als **Nordseeheilbad** (und mit mittlerweile 7400 Ferienbetten) wissen die 1600 Insulaner, was fit macht für den Rest des Jahres, und auch, was Prominente wollen: Das historische Kurhaus, bis Sommer 1997 zum Schloß am Meer mit mehr als 100 feinen Ferienwohnungen renoviert (Tel. 0 49 35/91 60), lockt inzwischen nicht nur Stars aus Sport und Politik.

M E R I A N - T I P

Vogelflug und -zug Das Inselchen Memmert, vor Juist gelegen und nur von Vögeln bewohnt, wird im Herbst zur Tankstelle, an der sich Zugvögel vor der Weiterreise in den Süden aufpäppeln. Eigentlich war Memmert nur eine Sandbank, und erst die Anpflanzung von Strandhafer hat es zum beliebten Vogeldomizil gemacht, wo Möwen, Brandgänse, Eiderenten und Austernfischer ungestört brüten. Nur wenn der Herbstbesuch kommt, dürfen Hobbyornithologen im August und September mit dem Vogelwart zur Beobachtung. Das Fernglas sollte man dennoch nicht vergessen. Für Führungen bei Kiesendahl melden, Strandstr. 2, Juist, Tel. 80 92 22 ■ A 2

Hotels

Hotel Achterdiek
Es gehört zu den besten des Landes, bietet Langschläferfrühstück im Wintergarten-Restaurant an, hat Hallenbad mit Jetstream, Dampfbad, Sauna und Sonnenstudio für Luxusferien.
1. Nov.–21. Dez. geschl.
Wilhelmstr. 36
Tel. 0 49 35/80 40, Fax 17 54
53 Zimmer
Luxusklasse (AE, DC, EC, Visa)

Hotel Friesenhof
Im Ortskern am Kurplatz liegt ein angenehmes Haus mit normalem Komfort. Auf der windgeschützten Liegewiese und in der rustikalen Bierstube läßt es sich gut vom Ferienmarsch ausruhen. Aufmerksamer Service.
Strandstr. 21
Tel. 0 49 35/80 60, Fax 18 12
76 Zimmer
Luxusklasse (AE, DC, EC, Visa)

Auch im Heimatmuseum von Juist gibt es eine »Gute Stube« – allerdings nur zu Schauzwecken.

Sehenswertes

Naturschutzgebiet Bill mit Hammer See
Der einzige Süßwassersee auf den Inseln, der jedoch langsam zu verlanden droht, ist nach einem Durchbruch während der Petriflut 1651 entstanden. Die Inselbewohner legten die Hammer Dünen an, so daß der Durchbruch bis 1880 zu einer großen Bucht geworden war. Da aber immer die Gefahr bestand, daß die Fluten die Hammer Dünen durchbrechen würden, wurde die Bucht 1930 mit dem Hammer Deich geschlossen. Im Becken zwischen Dünen und Deich sammelten sich Regen- und Grundwasser zum See. Auf einer 21 m hohen Düne – mit einmaliger Aussicht – steht die »Doornkaatbuddel«, der runde Wasserturm.

Geführte Wanderungen werden um den Hammer See ebenso wie zur Domäne Bill, zum Billriff und zum Inselosten angeboten.

Museum

Küstenmuseum
Sonderausstellung »Kunst im Küstenmuseum«, Geschichte des Küstenraumes, Informationen über Gezeiten und Schiffahrt, Fischerei, Seenotrettung und, einmalig, Erdöl- und Gasbohrungen in der Nordsee.
Loogster Pad
Mai–Sept. Mo–Fr 9–12 und 14.30–18 Uhr, Sa 9–12 Uhr

Essen und Trinken

Atelier-Café
Das Meer sieht man hier nur auf den Bildern an der Wand, aber Insulaner und Gäste treffen sich hier zum Kaffee, zum Klönen und zum kleinen Imbiß.
Kurpad
Tel. 0 49 35/10 51
Tgl. 10–22 Uhr

Café Pirola
Die Eiskarte macht dies Café für Feriengäste jeden Alters so verlockend, besonders, wenn man draußen sitzen kann.
Strandstr. 1
Tel. 0 49 35/10 35
Tgl. ab 10 Uhr

Gute Stube
Eine Gourmet-Adresse, deren Ruhm bis weit ins Festland gelangt ist. Von April bis Oktober werden hier kulinarische Köstlichkeiten der Spitzenklasse gezaubert, so z. B. Deichlammrücken in Lavendelkruste mit Apfelgratin. Zusätzliches Nichtraucher- Restaurant.
Im Hotel Achterdiek
Wilhelmstr. 36
Tel. 0 49 35/80 40
Nur abends geöffnet
Luxusklasse

Hafenrestaurant
Man könnte es bei der Ankunft glatt übersehen, weil es im ersten Haus am Hafen liegt, im Reedereigebäude. Freunde von Fischgerichten sollten nicht versäumen, hierher zurückzukehren.
Am Hafen
Tel. 0 49 35/13 63
Tgl. 11–14 und ab 17 Uhr
Do geschl.
Obere Preisklasse

In't Veerhus
Es liegt so diskret 100 m abseits des geraden Wegs, der vom Hafen in den Ort führt, daß es sich gut als Treffpunkt für Insulaner und neugierige Gäste eignet. Die Speisekarte (und die Preise) deutet darauf hin, daß es sich um mehr als eine Kneipe handelt, auch wenn dies Einheimische mit Understatement behaupten.
Warmbadstr. 4
Tel. 0 49 35/10 57
Tg. 11–14 und ab 17 Uhr
Obere Preisklasse

Am Abend

In der Saison werden Kammerkonzerte, Jazz und Unterhaltungsmusik angeboten, außerdem Vorträge, Lesungen und Theateraufführungen.

Kino
Friesenstr. 24
In der Saison tgl. 3–5 Vorstellungen

Strandkorb
Disco an der Strandpromenade Richtung Ostbad, da wo es niemanden stört, lassen sich überschüssige Energien wegtrainieren.
Tgl. ab 21 Uhr

Service ℹ

Angeln
In den Küstengewässsern erlaubt, Badestrand und Seen der Insel ausgenommen.

Auskunft
Kurverwaltung
Friesenstr. 18
26560 Juist
Tel. 0 49 35/80 92 22, Fax 80 92 23
Während der Saison wird hier kostenlos der Veranstaltungskalender »Strandlooper« abgegeben.

Ausstellungen
Im »Haus des Kurgastes«, in der Kurverwaltung (Altes Warmbad), im Nationalpark-Haus und im Haus Siebje.

Baden
Am bewachten Badestrand zu festgesetzten Zeiten oder im Meerwasser-Hallen-Brandungsbad.

Camping
Auf Juist nicht möglich

Flugplatz
Luftaufsicht
Tel. 0 49 35/3 99

Gymnastik
Mai–Sept. tgl. am Strand

Haus des Gastes (Loog)
Fernsehraum, Spielraum, Tischtennis, Veranstaltungssaal, Leihbücherei.

Haus des Kurgastes (Dorf)
Fernsehräume, Groß-Schachanlage, Tagungsräume, Tischtennis, Trinkkurhalle.

Jugendherberge
Loogster Pad 20
Tel. 0 49 35/10 94

Kinderprogramm
Für Kinder gibt es in der Hauptsaison ein Spielprogramm am Strand, bei schlechtem Wetter im Dorfgemeinschaftshaus.

Kinderspielplätze
Im Ostdorf und im Loog

Kurkonzerte
Vom 1. Juni bis Ende Sept. auf dem Kurplatz und im Haus des Kurgastes, jedes Jahr mit Musik eines ausgewählten Komponisten.

Leihbüchereien
Dünenstraße 9 und im Haus des Gastes; von hier aus werden auch Naturführungen veranstaltet.
Tel. 0 49 35/2 57

Nationalparkhaus
Informationen zum Wattenmeer.
Carl-Stegmann-Str. 5
Tel. 0 49 35/15 95

Naturführungen
Tel. 0 49 35/2 57 und 15 95

Sauna
Im Kurmittelhaus (Meerwasser-Tauchbecken)

Sport
Aktuelle Angebote für Angeln, Kegeln, Minigolf, Reiten, Boßeln, Segelfliegen, Tennis, Tischtennis, Windsurfen, Strandsegeln, Volleyball, Sportschießen, Segeln, Sportabzeichen unter
Tel. 0 49 35/80 90

Wattwanderungen
Tel. 0 49 35/14 43

Ungefähr 1000 Stunden in der Saison lacht die Sonne über Langeoog, behaupten die Einheimischen. Also eine richtige Sommerinsel?

Langeoog ■ C 2/D 1

2000 Einwohner
Karte → Klappe hinten

Die ostfriesischen Inseln sind klimabegünstigt. Ein steter frischer Wind vertreibt die Wolken und sorgt dafür, daß hier (und auf den anderen Inseln auch) oft sogar dann die Sonne scheint, wenn es auf dem Festland bewölkt ist. Der Golfstrom macht die Badetemperaturen angenehmer, als viele denken, und so darf Langeoog sich zu Recht als Fitneß-Insel bezeichnen. Die meisten Bewohner nehmen an Wettkämpfen teil und es wird eine Statistik der sportlichen Aktivitäten und ihrer Teilnehmer geführt.

Daß 60 Prozent der Langeoog-Urlauber Stammgäste sind, hängt sicher auch damit zusammen, daß sich die Kurverwaltung mit Strandspielen, Kindergymnastik, Singen, Laternenumzügen und Kasperltheater besonders um die Kinder kümmert. Eltern schätzen diese Entlastung.

Es gibt nur wenige alte Friesenhäuser oder Fischerhütten auf der Insel. Die meisten der 7500 Ferienbetten stehen in Privathäusern und Pensionen.

Auf Langeoog hat noch keiner sein Auto vermißt – wo doch Bummelzug-Fahren viel schöner ist! Die Inselbahn ist der Hit bei großen und – vor allem – kleinen Feriengästen.

Reichlich Gelegenheit für sportliche Betätigung

Die 19,7 Quadratkilometer Insel wollen erwandert, erradelt oder erklommen (jawohl!) werden. Nirgends in Ostfriesland steht man höher als auf der 21 Meter hohen **Melkhörn-Düne**. Auf einer anderthalb Kilometer langen Strandpromenade kann man bis zu der zur offenen See hin gelegenen Dünenkette laufen. Diese höchstgelegene Strandpromenade aller ostfriesischen Inseln erlaubt einen weiten Blick auf das Meer hinaus bis zu den vorgelagerten Sandbänken und -riffen. Selbst wenn sie mit Wasser bedeckt sind, kann man sie an der Brandung dort, an den »Laufkatzen« erkennen. Weil zwischen den Sandbänken eine starke Strömung herrscht, ist das Hinausschwimmen verboten. Bei Niedrigwasser, besonders bei Sonnenschein, kann man ganz weit draußen, wo die Robbenplatte der Seehunde liegt, auch einen gelben Pfahl mit weißem Dach erkennen. Das ist der Festpunkt für Luftaufnahmen, die festhalten, wie die Sandbänke wandern.

Die Höhenpromenade endet an **Gerk-sin-Spoor**, links liegt der Dünenfriedhof. 324 Baltendeutsche, die während des letzten Kriegsjahres aus Altersheimen der baltischen Staaten nach Langeoog verlegt worden waren, sind hier beigesetzt. Auch **Lale Andersen** ist hier begraben. Einige Häuser weiter steht noch das Reetdachhaus, in dem sie seit 1956 gewohnt hatte, der »Sonnenhof«, heute Café.

Wer im Sommer am Ende der Heerenhusstraße halblinks den schmalen Klinkerpfad zur Dünenkuppe hinaufsteigt, sieht rechts unten eine Reihe bunter Holzkästen, die Vogelnistkästen ähneln, aber keine sind. Eine Bienenköniginnen-Belegstelle dient der Zucht hochwertiger Bienenvölker.

Es gibt auf Langeoog fast mehr Wanderwege, als man für einen Urlaub braucht, und vor der Nordsee liegt ja auch noch der 14 Kilometer lange »Sandkasten«.

Gute Aussichten garantiert: Der Wasserturm, das Wahrzeichen der Insel, thront auf der 17 Meter hohen Kaap-Düne, einem der ostfriesischen »Bergriesen« ...

Hotels

Apartmenthotel Aquantis ▪ b 5
Kein reetgedecktes Inselhaus, sondern eine Ferienanlage für 200 Personen, 200 m vom Strand am Fuß der Dünen gelegen, mit angenehmen Extras wie Hallenbad, Fahrradverleih und Brötchenservice.
Warmbadweg 2
Tel.0 49 72/69 90, Fax 69 98 00
Obere Preisklasse (AE, DC, EC, Visa)

Hotel Flörke ▪ b 5
Geräumige Zimmer mit kleinen Finessen wie Föhn und Radiowecker, Hausbar, Lesezimmer, Kinderspielzimmer, Tischtennisraum, Sauna. Mitten im Ort und nur wenige Minuten vom Strand entfernt.
Hauptstr. 17
Tel. 0 49 72/60 97, Fax 16 90
46 Zimmer
Luxusklasse (AE, DC, EC, Visa)

Sehenswertes

Melkhörn-Düne ▪ c 5
Die höchste Erhebung Ostfrieslands ist auf Treppen von Westen oder Norden zu besteigen. Genießen Sie den wunderbaren Rundblick, und denken Sie beim Rückweg zum Strand daran, daß Stranddisteln unter Naturschutz stehen und nicht gepflückt werden dürfen.

Seenotbeobachtungsstation ▪ b 5
In einem bequemen Spaziergang (etwa 1,5 km) vom Rathaus über Barkhausenstraße, Kurzentrum und Hospizplatz, Am Teich und Heerenhusstraße zu erreichen. Die Station auf der Düne ist eine Seenot-Abhörstelle. Von hier aus kann der im Langeooger Hafen liegende Rettungskreuzer eingesetzt werden. Für die Schiffahrt ist die Station auch Landmarke. Bei stürmischem Wetter und in Seenotfällen ist die Station besetzt.
Besichtigung tgl.
Tel. 0 49 72/63 44 und 2 09

Wasserturm b 5
Das Wahrzeichen der Insel kann nach der Renovierung wieder besichtigt werden. Da es 1908/1909 auf der 17 m hohen **Kaap-Düne** erbaut worden ist, lohnt sich auch von seinem Fuß ein Blick übers Meer. Bis 1939 versorgte der Wasserturm die Insel mit Trinkwasser.

Museum

Schiffahrtsmuseum b 5
Ein Stück Geschichte im Haus der Insel.
März–Okt. Mo–Fr 10–12 und 14–16 Uhr, Sa 10–12 Uhr

Essen und Trinken

Ostfriesische Teestube am Hafen ▪ b 6
Wenn es voll ist (meistens), dreht man eben mit dem Rad noch eine Runde, ehe man in das Reetdachhaus zurückkehrt. Neulinge bekommen eine Gebrauchsanweisung zum Ostfriesentee.
Hafenstr. 27
Tel. 0 49 72/51 56
Juni–Aug. tgl. 12–21 Uhr, Sept., Okt., Dez., März–Mai tgl. 12–20 Uhr

Seekrug ▪ b 5
Man könnte denken, das Haus würde bald zugeweht: Die exklusive Lage an der Höhenpromenade bietet sicher den schönsten Platz zum Essen. Besondere Stärke der Küche sind Fischgerichte.
An der Höhenpromenade 1
Tel 0 49 72/3 83
März–Mitte Nov. und Weihnachtsferien Di–So 10–23 Uhr
Obere Preisklasse (AE, DC, EC, Visa)

Sonnenhof ■ b 5
Man sitzt geschützt im Gärtchen
oder drinnen bei Tee oder Bier ...
Gerk-sin-Spoor 6
Tel. 0 49 72/713
Tgl. 11–23 Uhr

Am Abend 😀

Düne 13 ■ b 5
Die Musikkneipe, in der man sich
trifft, wenn der Tag schon etwas
fortgeschrittener ist und man Abwechslung vom Meeresrauschen
braucht. Für kleinen Hunger und
großen Durst wird gesorgt.
Tel. 0 49 72/15 31
Tgl. ab 20 Uhr

Kino
Windlicht ■ b 5
Hospizplatz 7
Tel. 0 49 72/3 37

Service ℹ️

Auskunft
Kurverwaltung ■ b 5
Hauptstr. 28
26465 Langeoog
Tel. 0 49 72/69 30, Fax 65 88

Flugplatz ■ b 5
Mai–Sept. 9–13 und 15–19 Uhr
Tel. 0 49 72/4 00 und 6 93 64

Jugendherberge ■ c 5
Domäne Melkhörn
Vorherige Anmeldung erforderlich.
Nebenan ist ein Zeltplatz.
Tel. 0 49 72/2 76

Reiten ■ b 5
Reithalle E. Kuoer
Süderdünenring
Tel. 0 48 72/62 69

Spöölstuv ■ b 5
Spiel- und Begegnungsstätte für
Kinder und Eltern.
Am Kavalierpad 3
April–Okt. tgl. 10–18 Uhr,

Tennis ■ b 5
Anlage mit sechs Bitulac-Plätzen
und einer Tennishalle mit zwei
Plätzen. Im Sommer Gästeturniere.
Tenniscenter am Kavalierpad
Tel. 60 51

Tischtennis ■ b 5
Von Mai bis Sept. in der Tischtennis-
halle neben dem Seekrug.

MERIAN-TIP

Mondscheinwanderung Es ist ein bißchen wie bei nächtlichen
Jugendherbergsausflügen. Der Leuchtturm strahlt rundum,
irgendwo ganz hinten blinkt es von Helgoland, jedenfalls sind
Abend- und Mondscheinwanderungen auf Langeoog mittlerweile von Mai bis Oktober die Attraktion für große und kleine Leute. Die Veranstaltung ist natürlich nicht als Jux geplant,
auch wenn immer Spaß dabei ist. Susanne Wittenberg nutzt
die Gelegenheit , neugierigen Landratten Wissenswertes über
die Insel, ihre Tiere und Pflanzen zu erzählen. Auskunft über
Termine und Treffpunkt erteilt die Kurverwaltung.

Ältestes Nordseebad und niedersächsisches Staatsbad – noble Fakten, die Norderney aber nicht ersparen, seine »Autobahn« durch die Nordsee immer wieder neu zu erkämpfen.

Norderney   ■ B 2/C 2

6100 Einwohner
Karte → Klappe hinten

Die Fahrrinne droht alle Jahre zu versanden, so daß die Bundeswasserstraße – als solche gilt das sogenannte Busetieffahrwasser – immer wieder mit hohen Kosten freigebaggert werden muß, damit Norderney weiterhin tideunabhängig bis zu zwölfmal am Tag erreicht werden kann. Der Bund hat sich zu fester finanzieller Beteiligung verpflichten lassen, und so kann Norderney seine Energie uneingeschränkt auf den Wettbewerb um die modernste und mondänste Kur- und Ferienlandschaft konzentrieren.

Wer schließlich hat eine so schöne Badelandschaft, so viele Kulturveranstaltungen, eine solche Fülle von Kongressen und Sportwettkämpfen? Wo sonst hat sich eine Werbegemeinschaft gegründet, die großzügige Kinderfeste veranstaltet, damit die Kinder der Kurgäste die Kunden von morgen sein werden?

Der Verdacht drängt sich auf, Norderney wolle sich nicht nur tide- sondern auch nordseeunabhängig behaupten.

Stundenlang im weichen Sand faulenzen oder Wassersport ohne Ende – auf Norderney kann jeder nach seiner Fasson glücklich werden.

Prominente Besucher

Bedeutende Namen aus Wirtschaft und Politik in den Gästelisten gehören eindeutig der Vergangenheit an. Der blinde König Georg V. von Hannover brachte 1815 den ersten Aufschwung und den ersten Bauboom. Das große **Logierhaus** (heute Staatliches Kurhotel), Promenaden und Wäldchen stammen aus dieser Zeit. Die Fürst-von-Bülow-Ära ab 1900 setzte diese Glanzzeit fort, machte Norderney zum Treffpunkt bedeutender Staatsmänner. 1946 wurde Norderney **Niedersächsisches Staatsbad**. Die Bausünden der 50er und 60er Jahre sind unübersehbar, mischen sich aber mit der aufpolierten Gründerzeitarchitektur und den Entwürfen sensiblerer Architekten zu einem freundlichen Stadtbild.

Ganzjährig Saison

Selbst wenn die anderen Inseln in Winterschlaf versunken sind, ist auf Norderney immer noch – eingeschränkter – Betrieb. Sogar die Landesbühne Niedersachsen Nord spielt im Winter im Kurtheater und der Kneippverein Duisburg lädt im Oktober zum Wandern ein. 80 Kilometer Wanderwege, an denen ausgeschilderte Routen empfohlen werden, stehen dann nicht mehr in sommerlich hartem Konkurrenzkampf mit der unglaublichen Fülle von Veranstaltungen. Jetzt ist wieder Zeit für einen Spaziergang im Argonner Wäldchen zwischen Kuranlagen und Westbad, zur Waldkirche in der Nähe der Napoleonschanze, zum Wasserturm am Kap, des Rundblicks wegen, durch das Kiefernwäldchen zur Meierei. Man kann den grünen Markierungspunkten (als Reiter den roten) bis zur Ostspitze der Insel folgen, wo der Trubel der Stadt unendlich weit weg ist und sich das Inselgefühl in der wunderschönen Dünenlandschaft wieder einstellt. Windverwirbelungen haben zwischen den Osthellerdünen tiefe Täler geschaffen, die zum Teil bis zum Grundwasser reichen. Und in den winzigen Mooren wachsen Moose, Farn und Sonnentau.

TOP 6

Hinter der klassischen Hotelfassade des »Vier Jahreszeiten« verbergen sich luxuriöse Räumlichkeiten und ein perfekter Service. Mit einem Wort: alles vom Feinsten – so wie es sich für ein Staatsbad gehört.

Hotels/andere Unterkünfte 🛏

Haus Margarete am Meer ■ a 2
Das freundliche Hotel garni liegt direkt an der Seepromenade, mit der Liegewiese mitten in der Sprühzone des Meeres. Freundlich eingerichtete Zimmer und ein Frühstücksbuffet komplettieren das Angebot, das in Vor- und Nachsaison günstiger ist.
Kaiserstr. 2
Tel. 0 49 32/9 28 00, Fax 8 14 43
14 Zimmer
Obere Preisklasse (EC, Diners, AE)

Hotel-Pension Hartwig ■ a 2
Ein kleineres Haus, Familienbetrieb für Menschen, die es auch auf einer turbulenten Insel etwas ruhiger mögen. Alle Zimmer mit Dusche und WC. Nicht weit zum Meer.
Damenpfad 21
Tel. 0 49 32/24 86, Fax 10 99
12 Zimmer
Mittlere Preisklasse

Inselhotel Vier Jahreszeiten ■ a 2
Nicht einmal das römische Dampfbad fehlt – vielleicht stellt sich mancher genau so ein Staatsbad-Hotel vor. Komfortable Zimmer mit gehobener Ausstattung, mitten im Zentrum.
Herrenpfad 25
Tel. 0 49 32/89 40, Fax 14 60
100 Zimmer
Luxusklasse (alle Kreditkarten)

Sehenswertes 👁

Friesische Sonne ■ a 2
Die 4,5 m hohe Skulptur des dänischen Künstlers Anders Nyborg im Georgsgarten, 1994 aufgestellt, soll zum Inselwahrzeichen werden. Die Sonne durchwandert vier hintereinander gesetzte oxydierte Metallscheiben, die je nach Sonnenstand durch das Salz in der Luft verschiedenfarbig glitzern.

Kaiser-Wilhelm-Denkmal ■ a 2
Auf eine merkwürdige Pyramide aus rohen Steinblöcken stößt man auf dem Weg von der Knyphausenstraße nach Westen. Auf jedem Stein steht der Name einer (ehemals) deutschen Stadt oder Provinz. Das 1871 aufgestellte Denkmal soll früher auch von Kaiser Wilhelms Büste geziert worden sein.

Trinkbrunnen ■ a 2
Seit 1990 hat Norderney den ersten öffentlichen Trinkwasserbrunnen. Es handelt sich um einen originalgetreuen Abguß des sogenannten Stuttgarter Brunnens, 2,10 m hoch. Das Wasser des Graugußbrunnens wird aus der Süßwasserlinse der Insel gezapft.
Der Brunnen liegt in der Fußgängerzone am Osteingang der Strandstraße.

Waldkirche ■ a 2
In der Nähe der Napoleonschanze bilden Bäume die Säulen und Pfeiler und Blätter das Dach einer Kirche, von Wällen begrenzt und mit einer Holzbalkenkanzel versehen, die der Pastor mit einem Leiterchen erklimmt. Die Kirche gibt es seit 1912, und bei gutem Wetter werden hier von Pfingsten bis zum Erntedankfest Gottesdienste abgehalten, die in der Ferienzeit auch immer sehr gut besucht sind.

Windmühle ■ a 2
Die einzige Windmühle auf den Inseln hat seit 1990 wieder ein Reetdach. 1951 war das alte Reetdach der 1862 gebauten Mühle einem Feuer zum Opfer gefallen. Die Erbauer mußten noch, um Korn zu mahlen, ein »Windgeld« bezahlen. Heute bezahlen die Gäste im exklusiven Rstaurant, das die Mühle gastronomisch nutzt.
Marienstr. 24

Museum 🏛

Fischerhaus-Museum ■ a 2
Im Argonner Wäldchen ist die
Sammlung zur Kultur der Inselfrie-
sen, zur Geschichte der Fischerei
und zur Entwicklung des Kur- und
Badebetriebes (so z. B. die Gäste-
listen von vor 100 Jahren) zu besich-
tigen.
Weststrandstr. 1
Tel. 0 49 32/26 87
April–Sept. tgl. 15–17 Uhr, So 10–12
Uhr

Essen und Trinken ☒

Restaurant Lenz ■ a 2
Erstklassiges Restaurant, dessen
guter Ruf bis auf das Festland reicht
und in dem man die frischen Nord-
seekrabben im Blätterteigfisch
probieren sollte.
Benekestr. 3
Tel. 0 49 32/22 03
Tgl. 11.30–14 Uhr und 17.30–23 Uhr,
Mo und Di mittags geschl.
Mitte Jan.–Mitte Feb. geschl.

Zunftstuben ■ a 2
Bürgerliches Speiselokal mit nor-
maler Speisekarte und ebensolchen
Preisen. Angenehm für Leute,
die keine Extravaganzen suchen.
Jann-Berghaus-Str.
Tel. 0 49 32/20 73
Tgl. 11–14 und 17–24 Uhr, Do
geschl.
Mittlere Preisklasse

Zur Mühle ■ a 2
Manche geplante Wanderung findet
hier schon beim Ostfriesentee ihr
Ende und geht beim gemütlichen
Plausch ins Abendessen über. Nach-
mittags fast immer voll.
Marienstr. 24
Tel. 0 49 32/20 06
Tgl. 11.30–22 Uhr, Mi geschl.

Am Abend 🎭

Inselkeller ■ a 2
Disko im »Haus des Gastes«. So
voll, daß keiner umfällt, und so laut,
daß Gespräche sich erübrigen.
Tgl. ab 21 Uhr

Spielbank Norderney ■ a 2
Und wer es sich zu Hause nicht
traut – im Urlaub das Glück heraus-
fordern möchte fast jeder.
Im Kurhaus
Tel. 0 49 32/9 11 00

Service 🛈

Auskunft ■ a 2
Kurverwaltung
Postfach 1355
26535 Norderney
Tel. 0 49 32/89 10, Fax 89 11 12
Verkehrsbüro
Tel. 0 49 32/9 18 50, Fax 8 24 94

Baden ■ a 2/a 3
Meerwasserwellenfreibad
mit Sauna und Solarium
Am Weststrand
Tel. 0 49 32/89 11 58
Die Welle Badelandschaft ■ a 2
Am Kurplatz
Tel. 0 49 32/89 11 41

Strandbäder am Weststrand, Nord-
strand, Oststrand »Weiße Düne«
und FKK-Strand. Badezeiten werden
durch Aushang bekanntgegeben.
Zum Ostbadestrand, Leuchtturm
und FKK-Strand fahren Omnibusse
ab Busbahnhof Jann-Berghaus-
Straße. Zum Nordbadestrand
verkehrt von der Milchbar an der
Kaiserstraße bis zum Strandcafé
Cornelius die Elektrobahn »Nixe«.

Body-Building ■ a 2
Fitneßcenter Thermaris im Strandhotel an der Georgshöhe. 20 Statio-
nen, Schwimmbad, Sauna, Whirl-

pool, Tanz- und Gymnastikstudio.
Kaiserstr. 24
Tel. 0 49 32/89 84 05 ab 14 Uhr

Botanische Exkursionen ■ c 2
Ende Mai bis Ende Sept. jeden Do
ab 15.15 Uhr ab Restaurant Weiße
Düne.

Camping
Campingplatz Booken ■ a 2
Zehn Minuten Fußweg zur Stadt-
mitte.
Waldweg 2
Tel. 0 49 32/4 48 und 23 96
Campingplatz Domäne Eiland ■ d 2
1 km hinter dem Leuchtturm
Tel. 0 49 32/21 84
Campingplatz »Um Ost« ■ c 2
Auf der Südseite.
Tel. 0 49 32/6 18 und 7 10

Flugplatz Norderney ■ c 2
Sommerzeit 8–19 Uhr, Winterzeit
9–16 Uhr, kein Nachtflug zwischen
22 und 8 Uhr.
Tel. 0 49 32/24 55

Flugschulung ■ c 2
Luftsportgruppe Norderney
Tel. 0 49 32/30 86

Gepäckbeförderung
Spedition Johann Fischer
Tel. 0 49 32/6 01, Fax 8 24 60

Golf ■ c 2
9-Löcher-Dünen-Golfplatz,
Tel. 0 49 32/6 80

Jugendherberge und -zeltplatz
■ b 2/c 2
In den Dünen 46
Tel. 0 49 32/25 74

Leuchtturm ■ c 2
Mai–Mitte Okt. für Gruppen
Tel. 0 49 32/38 19

Nationalparkhaus ■ a 2/a 3
Informationen zum Wattenmeer
Am Hafen
Tel. 0 49 32/20 01

Reiten
Reitschule Jungmann ■ b 2
Strandritte, Lehrgänge, Außenboxen
und Weidegang für Pensionspferde.
Tel. 0 49 32/22 94, Fax 8 21 44
Reitsportgemeinschaft Tegtmeyer
Boxenvermietung, Ausritte.
Tel. 0 49 32/39 80, Fax 8 10 77

Segeln ■ a 2
Bootshafen (Yachthafen)
Seglerverein Norderney e. V.
Tel. und Fax 0 49 32/8 22 28
Segelschule Kapitän Kruse & Co
Am Yachthafen
Tel. 0 49 32/7 66 und
0 49 21/5 66 23

Sportveranstaltungen
Zwischen Ostern und Herbst Nor-
derneyer Golfwoche und offene
Golfwettspiele, Bäder-Tennis-Turnier,
Segelregatta vor Noderney, Wind-
surfing-Regatta auf der offenen
Nordsee und Jagdreiterwoche.

Tennis ■ a 2
Tenniscenter Georgshöhe
Kaiserstr. 24
Tel. 0 49 32/89 84 05, ab 14 Uhr
**2-Feld-Tennishalle und Außen-
plätze**
Sporthalle an der Mühle
Tgl. 7–13 Uhr
Tel. 0 49 32/8 33 58

Tennisschulen VDT, U.S.P.T.R.
Tennisurlaub, Happy-Tenniskurse,
Mannschaftstraining, Kinder- und
Jugendprogramme, Tennisshop,
Besaitungsservice, Schlägerverleih.
Tel. 0 49 32/89 84 05 (ab 14 Uhr)

SEHENSWERTE ORTE UND AUSFLUGSZIELE

Voller Überraschungen für Neulinge und voller Vertrautheit für Kinder (auch große), die hier schon viele Ferien verbracht haben – das ist Spiekeroog, die Liebenswerte.

Spiekeroog   ■ D 1/E 1
700 Einwohner

Die Fähre voller Kinder. Da hopst eins ungeduldig und zeigt mit dem Finger: »Da isses, da isses!« Das Wrack, das bei Niedrigwasser zu sehen ist, ist das der 1883 vor Spiekeroog gestrandeten »Verona«.

Eines der größten Schiffsunglücke hier war der Untergang des Auswandererschiffes »Johanna« 1854. Von Bremerhaven war das Schiff mit 216 Menschen an Bord in der Nacht vom 1. auf den 2. November nach Nordamerika aufgebrochen und schon in der Deutschen Bucht in einen Orkan geraten. Es kam vom Kurs ab und trieb westlich von Helgoland auf die Inseln zu, in die Brandungszone, wo haushohe Brecher über das Deck gegangen sein sollen. Und dann stieß es auf Grund.

Hilflos standen die Insulaner am Strand und blickten hinaus, Seenotrettungsdienste gab es zu der Zeit noch nicht. 77 Tote wurden gezählt, im ganzen Land wurde darüber berichtet und zum

Draußen ein prachtvoller Bauerngarten – und innendrin ist's ostfriesisch gemütlich: Im »neuen« alten Inselhaus kann man sich nach einem Herbstspaziergang die klammen Finger an der Teetasse wärmen.

erstenmal auch die Frage gestellt, ob die Insulaner, hier wie anderswo, sich denn nur habgierig für das Strandgut (»Strandsegen« genannt) interessierten, nie aber für die notleidenden Menschen. Die Forderung nach Rettungsstationen wurde laut, aber es dauerte noch bis 1861, bis die **Deutsche Gesellschaft zur Rettung Schiffbrüchiger** gegründet wurde, die heute in vielen Nordseehäfen über leistungsfähige Rettungskreuzer und -boote verfügt und immer noch in erster Linie über Spenden finanziert wird. Ein Kreuz, von einer Ankerkette umschlungen, steht heute auf dem Friedhof der Heimatlosen (Drinkeldoden-Karkhoff) und hält die Erinnerung an das Unglück der »Johanna« wach.

Wohltuend: es verändert sich kaum etwas

Sensationen solcher Art gibt es heute auf Spiekeroog nicht mehr. Die größte Überraschung bleibt jedes Jahr wieder, daß sich kaum etwas verändert hat. »Verschlafen« nennen das die einen, aber die Inselbewohner selbst sehen das ganz anders. Autos, Flugzeuge, Hochhäuser haben sie nie gebraucht.

Etwas hat sich in den letzten Jahren doch geändert: Die Pferdebahn, die es schon 1885 gab, fährt wieder vom ehemaligen Inselbahnhof (Di–So, 14, 15, 16 Uhr) zum Weststrand und eine halbe Stunde später zurück, eine schöne Strecke durch den Nationalpark.

Also zuerst zum Slurpad Richtung **Aussichtsdüne**, durch die dörflichen Straßen mit den flachen Häusern: alles wie immer. Auch das **Wäldchen** existiert noch, eine ganz inselfremde Erscheinung und künstlich angelegt. Die Bäume sind nicht sehr hoch, wohl genauso hoch wie die Dünen, zehn, zwanzig Meter, darüber hat der kräftige Wind die Kronen gebeugt.

Zu den Besonderheiten der Insel zählt die **Hermann-Lietz-Schule** am Hellerpfad. Alfred Andreesen, Nachfolger des bedeutenden Reformpädagogen, gründete sie 1928 mit dem Ziel, Jugendlichen abseits der Angebote und Verlockungen der Städte in einer überschaubaren Schulgemeinde eine ganzheitliche Erziehung und einen qualifizierten Schulabschluß zu ermöglichen.

Ostfriesische Behaglichkeit

Wer zu Fuß durch den Ort bummelt – es wird gebeten, keine Fahrräder mitzubringen, die sind den 700 Einwohnern vorbehalten, und bei 54 000 Kurgästen im Jahr kann es schon mal eng werden auf den Wegen der nur 17,4 Quadratkilometer großen Insel –, tut sich schwer mit der Entscheidung, wo er sich zum Kaffee oder Tee niederlassen soll. Die flachen Häuser mit den Glasveranden strahlen schon die Behaglichkeit aus, die fast überall auch innen anzutreffen ist.

Als Kleinod gilt das alte **Inselhaus** mit wunderschönem Bauerngarten.

SEHENSWERTE ORTE UND AUSFLUGSZIELE

Hotels/andere Unterkünfte

Haus Seelust
Die typische Glasveranda, die überall das Bild des Dorfes prägt, fällt auch hier zuerst auf. Ostfriesisch familiär und ein Frühstück, das auch an einem anstrengenden Ferientag erst einmal eine Weile vorhält. Abends lockt ein altostfriesisches Kaminzimmer mit Delfter Kacheln aus dem Jahr 1763.
Süderloog 21
Tel. 0 49 76/2 25
Herbstferien–1. März geschl.
10 Zimmer
Mittlere Preisklasse

Hotel Inselfriede
Ein weißes Haus, das zwischen den roten Backsteinhäusern gleich ins Auge fällt. Atmosphärisch schönes Urlaubsdomizil mit gutem Restaurant und Fitneß-Center.
Süderloog 12
Tel. 0 49 76/9 19 20, Fax 91 92 66
Jan.–Mitte März geschl.
17 Zimmer
Obere Preisklasse

Sehenswertes

Alte Inselkirche
Der kleine Vorbau diente vermutlich früher als Bootsschuppen und auch als Behelfsleichenhalle. In der 1696 erbauten Kirche selbst sind eine Renaissancekanzel, wunderschöne Apostelbilder und eine Pietà zu sehen, von der es heißt, sie sei von einem Flaggschiff der spanischen Armada, das 1588 vor der Insel strandete, geborgen worden. Aber das ist umstritten, weil Heimatforscher herausfanden, daß sie dafür eigentlich zu spät erwähnt worden ist.

Die Grabsteine auf dem alten Spiekerooger Friedhof erzählen Geschichten aus fernen Tagen.

Museen

Inselmuseum
Im Haus Hero am Norderpad, gleich neben der Teestube gelegen. Hier sind Sammlungen zur Geschichte der Insel ausgestellt, zur Tier- und Pflanzenwelt, zur Entwicklung von Schiffahrt, Fischfang und Badeleben (1840 kamen die ersten Badegäste) und zum Seenotrettungswesen.
Norderloog 1
Tgl. 11–13 und 15–17 Uhr

Kurioses Muschelmuseum
Eine Ausstellung zum Staunen und Schmunzeln: über 2000 Exponate, von einem Gramm bis zu 30 Kilogramm schwer, sowie die merkwürdigsten Schöpfungen aus der Flora und Fauna des Meeres.
Strandhalle am Badestrand
Mitte Mai–Mitte Sept.
Tgl. 14–17 Uhr, Mo geschl.

Essen und Trinken ⊠

Altes Inselhaus
Draußen im Garten, wo man weder den Blick aufs Meer noch auf die Dünen vermißt, oder in drei winzigen Räumen, wo sich große Menschen beim Durchschreiten der Türen schon bücken müssen, treffen sich Stammgäste und Einheimische zum Ostfriesentee oder zum Kaffee und Kuchen. Gegen kleinen und großen Hunger gibt es auch etwas auf der Speisekarte.
Süderloog 4
Tel. 0 49 76/4 73
Tgl. 15–17 und 19–23 Uhr
Mittlere Preisklasse

Teestube
Abgerissen, aber 1994 im alten Stil wieder aufgebaut, dazu um den Restaurantbetrieb erweitert, ist die alte Spiekerooger Teestube nach wie vor ein beliebter Treffpunkt. Das Angebot reicht vom Grünkohl bis zum Steak, und daß es Fisch gibt, ist eigentlich selbstverständlich.
Noorderpad 1
Tel. 0 49 76/2 04
Tgl. ab 11 Uhr

Seeteufel
Im »Hotel zur Linde« sind die weiten hellen Räume zu finden, in denen eine leichte, abwechslungsreiche Küche angeboten wird, auch vegetarische und Vollwertgerichte. Fischspezialitäten und eine gut sortierte Weinkarte runden das Angebot ab.
Norderloog 5
Tel. 0 49 76/2 34, Fax 6 46
Tgl. Mitte Febr.–Mitte Nov.
Di geschl.
Mittlere Preisklasse

Service ℹ

Auskunft
Kurverwaltung
Norderpad 25
26474 Spiekeroog
Tel. 0 49 76/91 93 24, Fax 91 93 47

Camping
Der Platz im Südwesten der Insel darf nur mit Genehmigung benutzt werden. Rechtzeitige Anmeldung ist erforderlich. Wenn der Platz voll belegt ist, wird ein entsprechendes Hinweisschild am Fahrkartenschalter in Neuharlingersiel ausgehängt.
Tel. 0 49 76/2 88

Jugendherberge
Voranmeldung erforderlich.
Bi d'Utkiek
Tel. 0 49 76/3 29

Reiten
Auf dem Islandhof kann man wohnen und auf Islandpferden reiten.
Up de Höcht 5
Tel. 0 49 76/2 19, Fax 2 17

Segeln
Segelschule
Kurse, Halbtagstörns, Seemeilenbescheinigung möglich.
Westend 10
Tel. 0 49 76/2 30

Tennis
Die Tennisplätze im Kurzentrum (drei Allwetterplätze) sind täglich benutzbar. Zum Spiekerooger Bäderturnier ist rechtzeitige Anmeldung erforderlich. Von April bis Okt. Unterricht, außerdem Training für Leistungs-, Turnierspieler und Mannschaften.
Tel. 0 49 76/4 10 und 14 74

Eigentlich braucht man nur einen Spaten, um gelegentlich im Sand zu buddeln, und einen Strandkorb, dann kann man es auf Wangerooge schon aushalten.

Wangerooge ▪ E 1
1100 Einwohner

Auf keiner Nordseeinsel ist man den großen Schiffahrtswegen so nah, und fast unablässig paradieren die großen Pötte und die kleineren weißen Passagierschiffe auf dem Weg nach Bremen, Bremerhaven und Hamburg vor dem Faulenzer am Strand.

An diesem Strand weht nicht, wie auf den anderen Inseln, die schwarz-rot-blaue Flagge Ostfrieslands, sondern die dunkelblaue der **Oldenburger** mit einem dunkelroten Kreuz. Wangerooge legt Wert darauf, zwar die östlichste der Ostfriesischen Inseln, aber nicht Ostfriesland zu sein.

Spätestens, wenn man im »Pudding« einen ostfriesischen Tee bestellt und das Tee-Ei im Wasser baumeln sieht, wird der Unterschied klar.

Die Insel war allerdings nicht immer oldenburgisch, wie die Insulaner gern erzählen. 1804, als das Strandleben mit einem Zelt und einer Badekutsche bescheiden begann, gehörte Wangerooge nämlich noch zu Rußland (seit 1793), ab 1807 zu Holland,

Auch auf Wangerooge gibt es eine kleine Inselbahn, die gemächlich ihre Runden dreht und Einheimische wie Feriengäste umweltfreundlich von einem Ort zum anderen bringt.

drei Jahre später schon für acht Jahre zu Frankreich und erst seit 1818 zu Oldenburg.

Von der Schmuggelinsel zum Familienbad

Das Badeleben war den Insulanern anfangs nicht geheuer, und in holländischen Zeiten bevorzugten sie eindeutig den lukrativeren **Schmuggel** als Erwerbsquelle. Aber die Großherzöge von Oldenburg förderten die Insel nach ihrem Vermögen, und 1819 gab es bereits ein Logierhaus mit elf Zimmern und ein Konversationshaus für die gemeinsame Tafel und für größere Veranstaltungen.

Heute ist die Ausstattung ein bißchen üppiger, aber keineswegs extravagant. Wangerooge ist ein Kinder- und Familienbad mit nützlichen Einrichtungen, ein Kurort wie alle Ostfriesischen Inseln, ohne höhere Ambitionen allerdings.

Das Auto ist auf der Insel selbstverständlich tabu, Segler und Strandwanderer prägen das Bild.

Mit der Flut auf der Flucht

Der Kern des heutigen Ortes entstand erst nach 1863. Die Flut hatte schon im 16. Jahrhundert Westteilbewohner in die Inselmitte fliehen lassen, aber als die Fluten das Westdorf 1862 fast endgültig zerstörten, blieb nichts als der Umzug. Viele Leute verließen die Insel und zogen aufs Festland.

Insel der Türme

In nur 300 Jahren verlagerte Wangerooge sich um die eigene Länge nach Osten und ist auf diesem Weg auch ein ganzes Stück schmaler geworden. Einen Vorteil hat das allerdings gebracht, den hellen feinen Sand. Wangerooge ist eine Insel der Türme: am markantesten war einst der stabile **Westturm**, der 1600 erbaut, 1914 gesprengt und 1932 als Jugendherberge an anderer Stelle wieder errichtet wurde.

Weitblick bis nach Helgoland

Der **alte Leuchtturm** von 1856 wies bis 1968 den Seeleuten den Weg. Ihn löste dann der neue Leuchtturm mit modernster Technik ab. Der alte Leuchtturm im Ortskern bietet dem, der die 161 Stufen nicht scheut, bei klarem Wetter einen unübertrefflichen Weitblick: auf die Schiffe, die vorbeiziehen, und bis nach Helgoland, nach Süden über das Wattenmeer bis nach Jever – man kann den Zwiebelturm des Schlosses erkennen –, nach Osten bis zur Vogelinsel Mellum und zur Wesermündung.

Schwimmen, Laufen, Radeln, Reiten – all das kann man auf Wangerooge ausdauernd betreiben. Wer dann Hunger hat, muß allerdings ein bißchen auf die Zeit achten, die Essenszeiten sind – vor allem in der Vor- und Nachsaison – sehr knapp bemessen. Aber Gourmetferien will ohnehin keiner machen, der hierher kommt.

SEHENSWERTE ORTE UND AUSFLUGSZIELE

Hotels

Hotel zur Börse
Ein kleines weißes Haus, ruhig hinter dem Leuchtturm gelegen, freundlich und für bescheidenere Ansprüche durchaus geeignet. Außer seinen Mitbewohnern trifft man abends in der Gaststätte auch Einheimische beim Bier.
Bahnhofstr. 11
Tel. 0 44 69/3 04, Fax 84 52
14 Zimmer
Untere Preisklasse

Strandhotel Upstalsboom
1890 galt das Grundstück als das beste der Insel, und als ein Hotelier aus Jever es für 50 Pfennige pro Quadratmeter erwarb, hielten die Wangerooger das für ausgemachten Wucher. 1891 wurde hier das Hotel Gerken als erstes Strandhotel der Insel eröffnet. Es ist längst in der Hand einer Hotelkette, die es angenehm neu gestaltet und mit viel Komfort eingerichtet hat. Das Haus besitzt sogar eine eigene Kurabteilung, Schwimmbad, Sauna und Solarium.
Strandpromenade 21
Tel. 0 44 69/87 60, Fax 87 65 11
78 Zimmer
Obere Preisklasse (alle Kreditkarten)

Sehenswertes

Alter Leuchtturm
Erbaut zwischen 1855 und 1859, war der 39 m hohe Turm das erste Bauwerk in den damaligen Ostdünen. Die Öffnungszeiten sind jeweils dem Aushang zu entnehmen.
Zedeliusstr.
Tel. 0 44 69/89 64

Vogelschutzgebiete
West-Außengroden und Ost-Außengroden heißen die beiden Gebiete, die vom Mellumrat, der sich schon 1925 zu diesem Zweck zusammenschloß, betreut werden. Der Besuch der Vogelschutzgebiete ist nur unter Führung eines Vogelwartes möglich.
Vogelwarte West
Tel. 0 44 69/81 79
Vogelwarte Ost
Tel. 0 44 69/81 74

Essen und Trinken

Café Pudding
Rund wie ein Pudding, groß, mit wunderbarem Ausblick weit aufs Meer: ein Gebäude, das 1855 als Dünenbake begann, im Zweiten Weltkrieg, als Wangerooge Vorposten für den Kriegshafen Wilhelmshaven war, ein Bunker wurde, ab 1948 Kiosk und schließlich Café mit Terrase. Die allerdings mußte dem Ausbau des Restaurants weichen. Der alte Bunker ist heute Büfett.
Zedeliusstr.
Sept.–Juni. Tgl. 11–22 Uhr
Di geschl.

Fisch-Kruse
Nur Fisch, dafür immer frisch und schnell.
Elisabeth-Anna-Str. 15
Tgl. 11.15–14.30 und 17.15–20.30 Uhr
Mittlere Preisklasse

Hanken
Natürlich gibt es hier Fisch aber auch sonst eine gute Auswahl. Auf der efeubewachsenen Terrasse scheint immer Sommer zu sein.
Zedeliusstr. 38
Tel. 0 44 69/87 70
Tg. 12–14.30 und 18–19.30 Uhr, Mi geschl.
Mittlere Preisklasse

Am Abend

Kino
Im Hotel Hanken
Eingang Peterstr.
Tgl. 4 Vorstellungen und Kinder-
programm
Tel. 0 44 69/87 70

Die Kogge
Ein offensichtlich beliebter Abend-
treff, wo man unter alten Schiffs-
modellen sein Bierchen trinken
kann, ohne auf die Uhr zu sehen.
Friedrich-August-Str.
Tgl. ab 20 Uhr

Service

Auskunft
Verkehrsverein
Postfach 220
26480 Wangerooge
Tel. 0 44 69/9 48 80, Fax 94 88 99

Baden
Bewachte Badefelder gibt es am
Bade- und Burgenstrand in der
Ortsmitte und im Westen der Insel.
Das Meerwasser-Hallen-Freitzeitbad
hat Kinderplanschbecken, Gegen-
strom-anlage, Geysire, Rückdusche,
Massagedüsen usw., und ist über
einen Außenschwimmkanal mit dem
neuen Freiluftbad »Oase« verbun-
den.
Tel. 0 44 69/89 47

Camping
Privater Familien- und Jugendzelt-
platz Saline, 1,2 km westlich des
Dorfes in einem Dünental. Anmel-
dung erforderlich.
Tel. 0 44 69/6 01

Fitness-Center
Friesen-Power
Rösingstr. 15
Tel. 0 44 69/12 60

Flugverkehr
Ganzjährige Verbindung nach
Bremen, Wilhelmshaven und Harle.
Auskunft und Buchungen:
Tel. 0 44 64/80 11

Jugendherberge
Westturm
Tel. 0 44 69/4 39

Nationalparkhaus
Informationen zum Wattenmeer.
Rosenhaus
Am Rosengarten
Tel. 0 44 69/89 54

Reiten
Ponyreitstall Janßen
Rösingstr. 11
Tel. 0 44 69/6 50
Reitstall Richthofenstraße
Richthofenstr. 20
Tel. 0 44 69/3 62

Surfen
Surfschule Detlef Engelmeier
Untere Strandpromenade
Tel. 0 44 69/3 69 und 3 48

Tennis
Tennis-Center der Kurverwaltung
mit 3 Freiplätzen (Tennisschuhe mit
vorgeschriebenem Profil), 2 Hallenplätze und Squashkabine.
Tel. 0 44 69/13 96

Wattwanderungen
Ein- bis mehrmals wöchentlich,
je nach Saison.

Durchs Rheiderland

Die gemütliche Tour macht Sie mit einer wunderschönen Landschaft bekannt – und kultur-historische Eindrücke kommen auch nicht zu kurz.

Abfahrt in Jemgum

Vom Herzog-Alba-Haus zur Deichstraße

Kirche in Hatzum

Wasserschöpf-mühle von 1804

Das Rheiderland zwischen Dollart und Ems, unter dem Meeresspiegel gelegen, ist mittelalterliches Kulturland. Eine Fahrradtour über 32 Kilometer kann man in **Jemgum** beginnen und dort auch ein Rad leihen (Hofstr. 8). Ubbo Emmius, Gelehrter des 16. Jahrhunderts, nannte es das »Auge von ganz Rheiderland«. Durch die lange Straße und am Herzog-Alba-Haus (Nr. 17) vorbei, das an den niederländischen Befreiungskrieg gegen die Spanier 1568 erinnert, an der Kirche St. Johannes Baptist und einer »kopflosen« Mühle vorbei kommt man in die Deichstraße, auf der es bis Hatzum weitergeht. Der Blick durchs Deichtor zeigt einen hübschen Hafen und links die einzige noch arbeitende Ziegelei des Landes.

Wegen der Schafe muß man gelegentlich absteigen und das Rad über Hürden schieben. In **Hatzum** geht es in den Ort hinein. Die reformierte Kirche St. Sebastian in der Straße Achter d'Toren stammt aus dem 13. Jahrhundert. Auf bequemen Wegen geht es nun quer durch das Land bis **Ditzumerverlaat** und dort nach rechts zu einem Fahrradweg. Beim Hinweisschild »Wynhamsterkolk« geht es nach rechts zu einer Wasserschöpfmühle, einem Erdholländer von 1804. Noch ein Stückchen weiter, und man ist 2,50 Meter unter dem Meeresspiegel.

Man muß umkehren und kommt dann, rechts, nach Überquerung des Coldeborger Sieltiefs, nach Marienchor. Kurz vor Jemgum, hinter dem Jemgumer Sieltief, verbirgt sich in einer Baumgruppe ein jüdischer Friedhof.

Dauer: 3 Stunden ohne Pause

Die Binnenlandroute

Sie sollten sich Zeit nehmen, um im wahrsten Sinne des Wortes alles zu »er-fahren«, was das Herz Ostfrieslands ausmacht.

Eine Kulturlandschaft mit 15 historischen Städten und Gemeinden, die sich auf dieser Strecke wie Perlen an einer Kette aneinanderreihen.

12 Kilometer zum Ewigen Meer

Beginnen wir die Fahrt von der Küste ins **Holtrie-merland**, das sich »grüne Perle« vor dem Nord-seestrand nennt. Es ist aus allen Küstenbade-orten einfach zu erreichen und Mittelpunkt des Städtedreiecks Aurich, Norden, Esens. Die Zu-fahrtsrouten aus allen drei Richtungen treffen sich in **Westerholt**, wo Kirche und Freizeitpark sehenswert sind, außerdem beginnt hier ein 40 Kilometer langer **Holtriem-Wanderweg**, der im Uhrzeigersinn die acht Mitgliedsgemeinden des Ortes durchstreift. In **Nenndorf** steht eine 1850 erbaute Galerie-Holländer-Windmühle, in Ochter-sum ein origineller Turmholländer. Sehenswert ist die Kirche in **Ochtersum** mit ihrer 1737 erbau-ten Orgel und dem Kirchturm, der früher als Schule diente.

Holtriemerland, die »grüne Perle«

Galerie-Holländer-Windmühle in Nenndorf

    Der Rundweg führt von **Westerholt** aus vier Kilometer in Richtung Süden oder Aurich und zweigt in **Eversmeer** nach Westen in Richtung Berumerfehn ab. Nach weiteren drei Kilometern führt links ein Wirtschaftsweg zum **Ewigen Meer**. Das Ewige Meer, der größte Hochmoorsee Deutschlands, ist Naturschutzgebiet. Ein Bohlen-rundwanderweg erschließt dem Besucher eine (fast) unberührte Welt.

Das Ewige Meer ist Naturschutz-gebiet

15 Kilometer zum »Grootheider Stipp«

Einen Kilometer westlich des Ewigen Meeres be-ginnt das Erholungsgebiet **Großheide**. Ausgedehnte Wald-, Heide- und Feuchtgebiete beherrschen den zerklüfteten Moor-, Marsch- und Geestrücken. Wir folgen der Route über die Abzweigung in **Südarle** in das fünf Kilometer entfernte **Arle**, fahren von hier aus nach **Westerende** und biegen links in Richtung **Großheide** ab. Im Zentrum kann man das alte Rathaus besichtigen, in Richtung Süden liegt der Ortsteil **Berumerfehn** mit schönen gekennzeichneten Wandermöglichkeiten. Verwöhnten Gaumen empfehlen Ostfriesen hier den »**Grootheider Stipp**«, eine Salzhering-Pellkartoffel-Soßen-Mahlzeit mit Speck und Zwiebeln. (Danach empfiehlt sich eine der preiswerten Übernachtungen in den ländlichen Orten.)

Wandermöglichkeiten und eine typische Ostfriesenmahlzeit

19 Kilometer ins Seeräuberland

Das **Brookmerland** war Schlupfwinkel der Seeräuber. Wir fahren über Moorhusen nach **Rechtsupweg**, folgen dabei der Hauptstraße weiter nach Westen und biegen nach etwa 1,5 Kilometern rechts Richtung **Leezdorf** ab, wo eine gut erhaltene Mühle zu besichtigen ist. Auf dem Moortunsweg geht es nach **Osteel** mit der Werenfridus-Kirche, und hier ist schon der Störtebekerturm von **Marienhafe** zu sehen, der als Wahrzeichen des Brookmerlandes gilt. Vom Turm kann man bei klarer Sicht bis zum Deich und sogar zu den dahinter liegenden Inseln sehen. Wir verlassen Marienhafe in südwestlicher Richtung und erreichen nach 6,5 Kilometern – an einer sehenswerten Drehkolbenpumpenwindmühle vorbei – das

Mühlenbesichtigung in Leezdorf

Störtebekerturm, Wahrzeichen des Brookmerlandes

Viele künstliche Wasserstraßen durchziehen das Fehnland. Die Kanäle ermöglichten vor 300 Jahren den schnellen und günstigen Transport des abgebauten Torfs.

Warfendorf **Wirdum**. Sie sehen sich vielleicht den Hafen an und verlassen den Ort dann Richtung **Suurhusen-Emden**.

17 Kilometer und viel Zeit für Emden

Jetzt müssen Sie sich schon etwas Zeit nehmen, denn in Emden gibt es eine Menge zu sehen. Um die Route Richtung Ihlow nicht zu verpassen, müssen Sie an der Kreuzung (Kaufhalle, Kino, Kunsthalle) rechts nach **Riepe** in die **Wolthuser Straße,** also nach Osten, einbiegen.

19 Kilometer bis zum **Wasser**

Wasserwanderer gehören zu den häufigsten immer wiederkehrenden Gästen der Gemeinde **Ihlow.** Die Gemeinde ist aus sehr alten Siedlungen an den ostfriesischen Geest-Moor-Randzonen entstanden, ein Kloster begründete im Mittelalter das wirtschaftliche und kulturelle Leben. Andere Ortsteile sind typische Fehn-(Moor-)Siedlungen, die Moorkolonisten im 17. und 18. Jahrhundert errichtet haben. Das Typische dieser **Fehnsiedlungen** sind die Kanäle, die in den damals straßenlosen Moorgebieten für den Abtransport des Torfes genutzt wurden, aber auch für andere Güter.

Typische Fehnsiedlungen in Ihlow

Kommen Sie aus Emden, Wolthusen, erreichen Sie zuerst den Ortsteil **Riepe** mit einer Kirche, von der die Einheimischen meinen, daß sie einer Teedose gleicht. Auf dem **Grootlandsweg** (leicht zu übersehen, zweigt auf der Hauptstraße Richtung Osten ab) verläuft unsere Binnenlandroute nach **Simonswolde** mit dem Flachsee Sandwater und einer Holländerwindmühle. Etwa vier Kilometer weiter im Nordosten liegen das **Ihlower Meer** und der 350 Hektar große Staatsforst **Ihlower Forst** – natürlich mit gut gekennzeichneten Wanderwegen. Hier befindet sich auch die Grabungsstätte eines ehemaligen Zisterzienserklosters. Dem Forst gegenüber zweigt die Route nach Nordwesten in Richtung Westerende-Kirchloog ab. Wir verlassen die Gemeinde in Richtung Aurich am Ems-Jade-Kanal entlang.

Im Ihlower Forst Grabungsstätte eines ehemaligen Zisterzienserklosters

14 Kilometer – Aurich ist gar nicht schaurich

Die historische Entwicklung und die zentrale Lage machen es, daß Aurich immer noch als heimliche Hauptstadt Ostfrieslands gilt.

21 Kilometer und immer Kanäle

Aurich verlassen wir auf der B 72 nach Süden, biegen aber nach etwa drei Kilometern Richtung **Schirum** nach **Westgroßefehn** und **Timmel** rechts ab. Beide Orte gehören zur Gemeinde **Großefehn**, deren etwa 360 Jahre alte Fehnkolonien zu den längsten Europas zählen. Sie wurden 1633 von vier Emder Bürgern gegründet, nachdem diese durch Erbpachtrecht die Erlaubnis erhalten hatten, Hochmoor abzugraben und den Untergrund zu kultivieren. Klappbrücken, Mühlen und Schleusen sind heute vor allem wunderschöne Fotomotive. In Timmel am Bootshafen kann man die Beine baumeln lassen oder baden gehen. Oder mit der »Gretje«, einer restaurierten Tjalk, rund um Großefehn fahren.

Älteste Fehn-kolonien Europas

Unsere Route führt weiter von **Timmel** über **Ulbargen** ins sechs Kilometer entfernte **Spetzerfehn**, wo man eine Mühle und eine restaurierte Kastenschleuse besichtigen kann. Die B 436 führt dann ins benachbarte **Bagband**. Sie können es schon von weitem an den Flügeln der zum Museum hergerichteten Holländermühle erkennen.

Besichtigung einer Kasten-schleuse in Spetzerfehn

18 Kilometer zu den Kleinoden jenseits der Hauptstraßen

Mit der Gemeinde **Hesel** erreichen Sie den Verkehrsknotenpunkt der ostfriesischen Hauptstraßen. Beim Parkplatz der Mühle Bagband überquert der Ostfriesland-Wanderweg die B 72, vielleicht folgen Sie ihm ein Stück.

Unsere Route führt durch den Ortskern über die B 75 (zweite Ampel links) zum Staatsforst Kloster Barthe. Auch hier bieten sich ausgedehnte Wanderwege an, zum Silbersee oder zum ehemaligen Kloster Barthe, und auf die Kinder wartet ein Spielplatz.

Um ins drei Kilometer entfernte, 1000 Jahre alte Holtland zu gelangen (in der Kirche unter Denkmalschutz stehende Rohlfs-Orgel aus dem 19. Jahrhundert), müssen Sie zurück über den Ortskern.

Rohlfs-Orgel aus dem 19. Jh.

16 Kilometer bis zur ältesten und zur schönsten Glocke

Über **Nortmoor** führt die Route weiter nach **Filsum** durch eine wasserreiche Landschaft. Daß es sich hier um ein Dorado für Angler (Aal, Barsch, Karpfen, Schlei, Hecht und Zander!) handelt, ist immer noch ein Geheimtip. Drei Kilometer südöstlich von Filsum liegt die moderne Campinganlage von **Stickhausen**. Ferienhäuser stehen am 11 Hektar großen Bade-, Surf- und Angelsee, Minigolfplatz und Rollschuhbahn erfreuen sicher nicht nur Kinder. In **Detern-Barge**, zwei Kilometer südlich, gibt es immer noch ein (bewohntes) Storchennest. Eine im Mittelalter eingerichtete Pünte, die ohne Motor, nur mit einem Seil und menschlicher Zugkraft die Leda überquert, kann man in **Wiltshausen** benutzen. Eine besondere Attraktion bietet der kleine Turm neben der Kirche in Detern mit seinen drei sehenswerten Glocken.

Nortmoor, ein Dorado für Angler

Die kleinste der drei Glocken ist die älteste Ostfrieslands

22 Kilometer zum Maiglöckchenwald

Weiter geht es Richtung Süden in die Gemeinde **Saterland,** ehemals drei Kirchspiele, auf dem Geestrücken entlang der Sagter-Ems angesiedelt, seit 1974 Einheitsgemeinde. In **Strücklingen** steht eine Johanniter-Kapelle aus dem 14. Jahrhundert, im benachbarten Ramsloh eine intakte Galerie-Holländer-Windmühle. Die acht 354,7 Meter hohen Antennen gehören zur Marine-Funksendestelle. Im Erholungsgebiet Hollener See gibt es Bade-, Wander-, Reit und Angelmöglichkeiten. In Scharrel steht ein weiterer Galerie-Holländer, der Maiglöckchenwald ist Naturdenkmal. Auf der Landstraße von Westerscheps geht es weiter nach Godensholt und von hier aus Richtung Apen.

Johanniter-Kapelle aus dem 14. Jh.

Naturdenkmal Maiglöckchenwald

18 Kilometer und ein Kunstwerk in der Kirche

Berühmte Kanzel in Apen

Apen liegt abseits zwischen Wiesen und Hochmooren und tideabhängigen Wasserläufen, die zweimal täglich fast trockenfallen. Mit der Kanzel des Bildhauers und Holzschnitzers Münstermann in der Nikolaikirche aus dem 13. Jahrhundert verfügt die kleine Gemeinde auch über ein besuchenswertes Kunstwerk. Über Augustfehn kommt man nach **Vreschen-Bokel**, wo ein gut erhaltenes Rathaus zu besichtigen ist.

14 Kilometer – wo die Blumen blühen

Die fünfte Jahreszeit findet in der Pfingstwoche statt

Vielleicht haben Sie das Glück, um Pfingsten herzukommen. Dann fahren Sie durch eine Azaleen- und Rhododendron-Parklandschaft bis ins Zentrum **Westerstede**. RHODO heißen hier die Festtage, die in der Pfingstwoche stattfinden und die die Westersteder als fünfte Jahreszeit genießen. Westerstede ist das Einkaufszentrum des Gebietes, und vielleicht finden auch Sie hier ein Mitbringsel. Der Ammerländer Vogel- und Landschaftspark liegt im Ortsteil **Fikensolt**, südlich vom Zentrum. Das beeindruckende Fikensolter Barockschloß können Sie leider nur von außen besichtigen.

14 Kilometer und zwei Blicke von oben

Zwischen Wiesen, Wäldern und Mooren liegt **Uplengen**, über die B 75 zu erreichen. Zwei Naturschutzgebiete, das **Neudorfer Moor** und das **Lengener Meer**, können Sie nur von einem Aussichtsturm sehen: Betreten verboten. Sie dürfen

Naturschutz-gebiete und ein Kugelberg

aber in das Naturschutzgebiet **Holle Sand** und dort den mit 18 Metern über NN höchsten ostfriesischen Berg, den Kugelberg, besteigen.

Im Kern der Gemeinde Uplengen, in **Remels**, steht eine Wehrkirche aus dem 12. Jahrhundert. Das alte Halseisen wurde früher, viel früher, als ostfriesischer Pranger benutzt. Etwa 150 Jahre alt ist die Mühle. Über Neudorf gelangen wir zum **Nordgeorgsfehnkanal** und folgen ihm bis **Wiesmoor**.

13 Kilometer und wieder ein Blumenmeer

Am ersten Septemberwochenende werden Millionen selbstgezüchteter Blumen zum Korso, schmücken Freilichtbühne und Festhalle und verwandeln sich in Märchengestalten. Aber auch sonst ist **Wiesmoor** ein Blumenpark. Europas größte zusammenhängende Gewächshausanlage macht es möglich. Die Gärtnereien können Sie von März bis Oktober besichtigen. In der Blumenhalle hören und sehen Sie Händel an der Wasserorgel, im Landschaftspark steht ein originalgetreu nachgebautes Moorkolonistenhaus.

Blumenpark Wiesmoor

Wer Zeit hat, kann die Gelegenheit nutzen, hier das Moorvogtdiplom zu erwerben. Das ist für 35 DM allein nicht zu haben. Dazu gehören nämlich Torfstechen, Transport mit einer Kreite, Bau einer Torfmiete. Damit die Entspannung bei aller Anstrengung nicht fehlt, ersetzt die Vesper mit Tee bei offenem Feuer das Mittagessen, eine Kanalfahrt mit der »Moornixe« folgt, das Moorkolonistenhaus wird besichtigt – und dann gibt es auch die Urkunde.

Sie können das Moorvogtdiplom erwerben

Auf der B 436 geht es nach Nordosten weiter, aber schon nach zwei Kilometern führt die Route nach rechts Richtung **Hopels** und **Marx** (wo alle fünf Jahre ein Familientreffen derer, die Marx heißen, stattfindet).

12 Kilometer – von Rußland nach Amerika

Der Erholungsort **Friedeburg** hat seinen Namen von der Burg und Festung aus dem 14. Jahrhundert, deren Spuren auch heute noch im Ortsbild zu finden sind. Hier können Sie von Rußland nach Amerika wandern und das eventuell mit einer Boßeltour verbinden. Über **Wittmund** und **Esens** führt die Route jetzt wieder zum Ausgangspunkt zurück.

Friedeburg: Burg und Festung aus dem 14. Jh.

Dauer: 2 Tage–2 Wochen, je nach Länge der Zwischenstopps, 186 km
Karte: → Klappe vorne

Die Seedeiche entlang

Kreischende Möwen, stürmischer Wind – und Meer, so weit das Auge reicht: Wer hier radelt, hat es mit Natur pur zu tun.

TOPTEN
10

Über Deich-, Feldwege und Nebenstraßen führt eine 37 Kilometer lange Rundtour ab dem Hafen **Bensersiel**.

Der Beginn dieser Tour verläuft direkt an der Küste des **Harlingerlandes**. Bensersiel ist erst im 17. Jahrhundert als Hafen für Esens gebaut worden. Das Benser Tief wurde zwar schon lange als Fahrwasser für den Esenser Seehandel genutzt, aber als die Zufahrt für die zunehmend größeren Schiffe immer schwieriger wurde, brauchte man auch einen neuen Hafen. Vom 19. Jahrhundert an wurde in Bensersiel auch zunehmend Fischerei betrieben. Von hier aus besteht eine tideunabhängige Verbindung nach Langeoog. Sand- und Grünstrand und viele Erholungseinrichtungen machen das anerkannte Nordseebad Bensersiel längst zu einem beliebten Urlaubsort. Auf der Deichkrone führt der Weg nach Osten und überquert beim Sielwerk das Benser Tief. Die alten Deichtore von 1619 erinnern an den ständigen Kampf der Bewohner gegen die See.

Von Bensersiel tideunabhängige Verbindung nach Langeoog

Alte Deichtore

Links geht es in die Straße **Am Hafen**, und hier erreicht man auch den **Landesschutzdeich**.

Ganz nah am Wasser macht Radfahren doppelt Spaß – auch wenn man im frischen Wind manchmal ganz schön in die Pedale treten muß.

Nach neun Kilometern haben wir **Neuharlinger-siel** erreicht. Früher bedeutender Seehandelsort, dann Fischereihafen, entwickelte Neuharlinger-siel sich bereits Anfang des 20. Jahrhunderts zum Fremdenverkehrsort.

Seehandels- und Fremdenverkehrs-ort Neuharlinger-siel

Wir fahren weiter nach **Carolinensiel**. Vom alten Handelshafen fahren wir am Ufer der Harle, dem heutigen **Wittmunder Tief**, nordwärts. Mit jeder Eindeichung ist der Hafen weiter nach Norden verlegt worden. Im 14. Jahrhundert hatte die **Harlebucht** 20 Kilometer bis an den Geestrand im Hinterland gereicht.

Nach etwa einem Kilometer erreicht man die **Friedrichsschleuse**, nach Friedrich dem Großen benannt. Weiter nördlich geht es nun etwa einen Kilometer bis **Harlesiel**. Von hier aus verkehren die Fähren nach Wangerooge. Vom Schöpfwerk aus geht es nach Südwesten und nach **Carolinensiel** zurück und weiter bis **Neuharlingersiel**. In dem Sielhafenort, von dem aus die Fähren nach Spiekeroog fahren, verlassen wir den Deich am Hafenbecken und fahren nach rechts in die **Hauptstraße** und nach einem Kilometer links in den **Mühlenstricher Weg**, der auf einem Deich des 15. Jahrhunderts verläuft. 1,2 Kilometer weiter biegen wir nach rechts ab und erreichen die **Seriemer Mühle** am Neuharlinger Sieltief.

Friedrichsschleuse

Besichtigung der Seriemer Mühle

Von der Mühle aus führt unser Weg westwärts und biegt nach 500 Metern rechts in die **Hauptstraße** und nach weiteren 500 Metern links in die **Ostbense** an der L 5. Nach knapp 1,5 Kilometern bei einem Gehöft geht es nach rechts zum Landesschutzdeich. Auf der Binnenseite des Deiches fahren wir auf der **Ostbenser**, dann **Deichstraße** westwärts durch die Altmarsch von Seriem mit großen Einzelhöfen. Sechs Kilometer später erreichen wir **Bensersiel**. Wer jetzt von der **Deichstraße** zur Hafenzufahrt und durch die Seestraße fährt, erreicht die Hauptstraße und ist kurz darauf wieder im Hafenbereich, wo es links wieder durch den **Gründeich** zum Ausgangspunkt der Fahrt geht.

Fahrt durch die Altmarsch von Seriem

Dauer: ca. 4 Stunden, je nach Wind und Pausen
Karte: → Klappe vorne

Einmal um Baltrum herum

Hafen und Dünenlandschaft, das hübsche Inseldorf und ein »erhebender« Aussichtspunkt – nach diesem Spaziergang haben Sie (fast) ganz Baltrum »erobert«.

Welche Insel böte sich besser für eine Umrundung an als das kleine Baltrum? Auf Nebenstrecken, Strand- und Deichwegen sind 12 Kilometer in gut drei Stunden geschafft. Vielleicht brauchen Sie auch länger, weil Sie eine halbe Stunde am Strand sitzen wollen.

12 Kilometer auf Strand- und Deichwegen

Die Umrundung kann am **Hafen** beginnen. Nach etwa 500 Metern schon ist das Bauamt für Küstenschutz an der Westspitze erreicht. Wind und Meer tragen, wie auf den andern Inseln auch, die Westküste langsam ab, mehr als drei Kilometer schaffen sie zusammen in etwa 200 Jahren. Aber Sandanspülungen gleichen diesen Verlust im Osten wieder aus, so daß es den Anschein hat, die Inseln wanderten. Im 17. Jahrhundert lag die Westspitze Baltrum dort, wo heute das Ostende von Norderney ist. Das Inseldorf und die Kirche wurden daher öfter nach Osten verlegt.

Die Westküste wird von Wind und Meer abgetragen

Inhalationskur am Strand

Im Westen sieht man von hier aus **Norderneys Rattendüne**. Bis zum Leuchtturm sind es neun Kilometer, bis zum Festland im Süden nur fünf Kilometer. Der Weg führt auf der Strandpromenade zum **Westdorf**, dem Bade- und Burgenstrand folgen Sie bis zur **Buhne J** und gehen dort am Strand, am Spülsaum, entlang. Der Inhalationskur können Sie hier nicht entgehen. Im Osten sehen Sie die naturnahe Dünenlandschaft. Den Weißen Dünen folgen nach Süden feuchte Dünen-

Auf der Strandpromenade zum Westdorf

Weiße Dünen

täler, danach kommen die Grauen Dünen mit Sanddorn, Weiden und Schillerkraut. Über einer 12 Meter hohen Düne ist nach drei Kilometern Strandmarsch ein hölzernes Gerüst zu sehen, die östliche Peilbake, die Schiffen zur Orientierung dient. Am Ostende ist schon, etwa vier Kilometer entfernt, das Inseldorf **Langeoog** hinter der Accumer Ee zu sehen.

Graue Dünen mit Vegetation

Bei der Wanderung westwärts ist in kurzer Zeit ein Fußweg erreicht, etwa zwei Kilometer weiter der Campingplatz des Niedersächsischen Turnerbundes, und nach einem weiteren halben Kilometer ein **Gedenkstein** für den holländischen Schiffer Jan-Hendrik de Boer, der nie hier beerdigt sein wollte. Als er jedoch vor Baltrum strandete und ums Leben kam, wurde er hier begraben. Von hier aus führt ein Weg auf die 19 Meter hohe **Aussichtsdüne**. Im Westen, auf unserem Weg, liegen die Salzwiesen und Brutgebiete unterschiedlicher Seevögel.

Gedenkstein für den holländischen Schiffer Jan Hendrik de Boer

Hinter dem **Ostdorf** kommt man zum **Spielteich**, dem Treffpunkt für Wattwanderer. Unser Weg führt weiter zum Westdorf an der alten Inselkirche vorbei, von dort nach Süden zum **Nationalpark-Haus**, und von hier aus ist es nur noch ein kleines Stück südwärts bis zum Hafen.

Treffpunkt der Wattwanderer, der Spielteich

Dauer: 3 Stunden
Karte: → Klappe vorne (■ C 1/C 2)

Auftanken am Strand: Bei langen Spaziergängen durch weichen Sand, als »Geräuschkulisse« nur die Meeresbrandung, werden die Sinne beflügelt, und Körper und Seele atmen auf.

Von Wiesmoor zum Hopelser Wald

Es muß nicht immer das blaue Meer sein: Im Mittelpunkt dieser kleinen Wandertour im ostfriesischen Binnenland stehen der grüne Wald, das schwarze Moor – und viele bunte Blumen.

Ausgangspunkt dieser Wanderung ist der Marktplatz der Blumengemeinde **Wiesmoor,** von wo aus wir rechts in die Hauptstraße-Ost gehen, Wiesmoors Hauptgeschäftsstraße. Nach etwa 500 Metern biegt rechts der Grenzweg durch eine Einfamilienhaussiedlung ab, dahinter beginnen abgetorfte Hochmoorflächen. Die meisten davon werden schon lange als Grünland genutzt, aber wir begegnen bald Resten ehemaligen Hochmoores, wie es früher das ganze Gebiet bedeckte. Das waren dann nicht so schildkrötenartige Gebilde in der Landschaft wie die heutigen Reste, sondern eine mehrere Meter hohe Moordecke. Ungefähr zwei Kilometer weiter wenden wir uns nach links und gehen auf dem Streeker Weg weiter. Dort liegt links die Hochmoorkolonie **Streek,** und rechts beginnt schon der **Hopelser Wald.**

Reste von ehemaligem Hochmoor

Absolut buggytauglich: Die hier beschriebene Rundwanderung können Sie sogar »mit Kind und Kegel« nachvollziehen. Also Mütze auf und los geht's.

Durch den Hopelser Wald

Den Hopeslo (Lo heißt Wald) gab es, wie Urkunden belegen, schon im 14. Jahrhundert. Heute ist er Staatsforst, der auf teilweise abgetorften Flächen im 18. Jahrhundert neu angepflanzt wurde. Nach etwa einem Kilometer beginnt rechts der Hopelser Weg. Es geht jetzt an der 1766 gegründeten Moorkolonie Hopels vorbei und weiter bis zum »Forsthaus Bohnens«, einem Gasthaus. Auf der anderen Straßenseite beginnt der Förster-Müller-Weg durch den Hopelser Wald. Wir gehen nach links und an einem kleinen Teich vorbei, einem Picknickberg und dann einer Köhlerhütte mit Grillplatz. Der nächste Picknickplatz liegt dort, wo früher das Kloster Hopels stand.

Der Staatsforst wurde im 18. Jh. neu angepflanzt

Picknickplatz

Wo der Förster-Müller-Weg nach rechts führt und ein breiter Waldweg beginnt, gehen wir links weiter durch den Wald und gelangen nach etwa einem Kilometer an den Waldrand. Hier treffen wir auf die Schule der Moorkolonie **Mullberg**, gehen nach links in den Birkhahnweg und kurz darauf wieder nach rechts in den Drosselweg, der zwei Kilometer weiter auf die Mullberger Straße stößt, die wir nach rechts weitergehen. Dabei wandern wir den **Nordgeorgsfehnkanal** entlang, die Verbindung zwischen Ems-Jade-Kanal und Jümme. Im Sommer werden uns Boote begegnen. Auf der linken Seite des Kanals sehen wir die Gärtnerei- und Gewerbebetriebe von Wiesmoor, und auch acht Großgewächshäuser der Blumengemeinde liegen hier. Ein andermal vielleicht. Jetzt gehen wir nach rechts in die Narzissenstraße und gleich links weiter in die Marktstraße, die uns zum Wiesmoorer Marktplatz zurückführt.

Am Nordgeorgsfehnkanal entlang

Dauer: 12 km Rundwanderweg, etwa 3 Stunden Nebenstraßen und Waldweg.
Karte: → Klappe vorne (▨ D 4)

WICHTIGE INFORMATIONEN

Auskunft 🛈

Prospekte, Unterkunftsverzeichnisse und Informationsmaterial über Pauschalangebote versenden auf Anfrage die Kurverwaltungen und Fremdenverkehrseinrichtungen der einzelnen Inseln und Orte (→ Service bei den einzelnen Orten).

Allgemeine Auskünfte oder Prospekte bzw. Faltblätter zu besonderen Themen (Wassersport, Museen usw.) bekommen Sie dort ebenfalls.

Kuren

Alle Inseln sind zugleich Kurorte, ebenso mehrere Küstenorte. Heilanzeigen sind chronische Krankheiten der Atemwege, Allergien, Wirbelsäulen- und Gelenkerkrankungen, Hautkrankheiten, Krankheiten im Kindesalter und Schwächezustände.

Nationalpark Wattenmeer

Den Nationalpark Niedersächsisches Wattenmeer gibt es seit dem 1. Januar 1986. Er erstreckt sich über 240 000 ha von Cuxhaven bis Emden. Da hier die besonderen Eigenschaften von Natur und Landschaft geschützt werden sollen, galt es, die unterschiedlichsten Interessen unter einen Hut zu bekommen: von Wirtschaft über Tourismus bis zum Erhalt von Lebensraum der Tiere und Pflanzen. Drei Zonen unterschiedlicher Schutzintensität sind daher festgelegt worden, und in den Fremdenverkehrsämtern gibt es Karten, auf denen man ihren Verlauf feststellen kann.

In der **Ruhezone,** wo die strengsten Schutzbestimmungen gelten, dürfen nur dafür bestimmte Wege betreten werden. Besucher werden gebeten, auch zum Fotografieren nicht in das Schutzgebiet hineinzugehen, weil sie dort wirklich stören.

In der **Zwischenzone** ist alles verboten, was den Charakter des Wattenmeers einschließlich der Inseln verändern und das Landschaftsbild beeinträchtigen kann. Von April bis Ende Juli ist auf den Salz- und Strandwiesen zwischen Deichfuß und Hochwasserlinie das Betreten verboten: Dann ist Brutzeit, und wer läßt sich schon gern von Fremden in die Kinderstube und ins Schlafzimmer sehen.

Die in der Ruhe- und Zwischenzone benutzbaren Wege sind mit Pfählen markiert, grün für Fußgänger und rot für Reiter.

Daß Hunde im Nationalpark nicht frei herumlaufen dürfen, versteht sich von selbst.

Reisewetter

Es regnet nicht immer, es ist nicht immer kälter als anderswo, nur darauf, daß es öfter windig ist, kann man sich wohl verlassen. Das hat aber, vor allem Inselfreunde wissen das, den Vorteil, daß der Wind auch die Regenwolken schneller wieder wegbläst als auf dem Festland.

Borkum verdankt seiner exponierten Lage außerdem etwas, das dem Hochseeklima gleichkommt: Die Inhalation beim Spaziergang am Meer, am Flutsaum, stärkt das Immunsystem. Auch wenn die Wassertemperaturen der Nordsee selten die 17-Grad-Marke überschreiten, so fördert ein so kühles Bad immerhin die Durchblutung und nach Meinung aller, die sich ins Wasser wagen, die gute Laune. Auf dem

Lebensretter mit Über- und Weitblick: Vor allem Insel-Neulinge können für diesen Service dankbar sein – denn immer wieder unterschätzen manche Feriengäste den Gezeitenwechsel.

WICHTIGE INFORMATIONEN

Festland ist es anders, sozusagen normaler, aber da auf Wettervorhersagen und Klimabeständigkeit bekanntlich ohnehin kein Verlaß mehr ist (und nie gewesen sein soll), empfehlen sich wärmende Pullover zu jeder Jahreszeit. Die Ostfriesen halten auch anderes parat, um von innen der Kälte entgegenzuwirken.

Sprachkunde

Folgende wichtige Begriffe werden Ihnen in Ostfriesland immer wieder begegnen:

Deich: Aufgeworfene Erdwälle, die auch im Binnenland Flußläufe umschließen, da diese von Ebbe und Flut abhängig sind. Schützen das Land vor Überflutung.

Geest: Sandboden, in der Eiszeit vor hunderttausend Jahren während der eisfreien Perioden hier abgelagert.

Hammrich: Flußmarsch

Klönschnack: Unterhaltung in gemütlicher Atmosphäre

Hochmoor: Nährstoffarme Regenwassermoore

Kolk: Wassersammelstellen im Moor

Marsch: Durch Ablagerungen aus Meer und Flüssen entstandenes Schwemmland.

Niedermoor: Reine Grundwassermoore mit hohem Nährstoff- und Mineralanteil

Schloot: Gräben, die zur Entwässerung des Landes angelegt wurden

Siel: Abgesicherte Durchlässe in den Deichen für das ablaufende Binnenwasser

Tide: Ebbe und Flut

Torf: Zersetztes organisches Material, das sich aus abgestorbenen Pflanzen durch Wasserüberschuß und Luftmangel gebildet hat.

Verlaat: Schleuse

Warft: Erdhügel in der Marsch, auf denen Gehöfte oder kleine Dörfer stehen

Die genauen Klimadaten von **Borkum**

	Januar	Februar	März	April	Mai	Juni	Juli	August	September	Oktober	November	Dezember
Tag Temp. in °C	3,2	3,5	6,4	10,3	14,6	17,9	19,8	20,0	17,6	12,8	8,1	5,0
Nacht Durchschnittl.	-0,6	-0,5	1,2	4,7	8,4	11,9	14,2	14,4	12,3	8,3	4,3	1,4
Sonnenstunden pro Tag	1,5	2,4	3,5	5,4	6,3	7,5	6,2	6,0	4,6	3,0	1,8	1,4
Regentage	12	10	8	8	7	8	11	11	11	13	13	12
Wassertemp. in °C	4	4	4	6	10	13	16	17	16	13	9	7

Quelle: Deutscher Wetterdienst, Offenbach

Tiere

Kein Problem bei vielen Unterkünften im Land, aber wenn der Hundefreund an die Küste oder auf eine Insel will, muß er daran denken, daß sein Begleiter dort ein wahres Hundeleben führt. An den Strand darf er nicht, Schafe verbellen auch nicht, nichts jagen, was sich im Watt bewegt. Selbst beim Deichspaziergang muß er an die Leine.

Zeitungen

Im Land liest man die übliche Lokalzeitung, in den Urlaubsorten gibt es die überregionalen regelmäßig, und auch auf die Inseln kommen sie per Schiff, also immer etwas später. Während der Saison halten die Fremdenverkehrsvereine aktuelle Veranstaltungskalender parat.

Ein Sonnenuntergang über dem Wattenmeer ist nur einer von vielen unvergeßlichen Eindrücken eines Ostfriesland-Urlaubes.

Zollfreier Einkauf

Helgoland, Deutschlands einzige Hochseeinsel, wird von Wilhelmshaven und Harlesiel täglich mit dem Schiff angefahren. Für Neulinge ein besonderes Erlebnis ist das **Ausbooten,** da die tiefergehenden Schiffe im Inselhafen nicht ankern können. Oder weil die Hafenanlagen nicht ausreichen, um allen Schiffen (bis zu acht täglich im Sommer) gleichzeitig Anlegemöglichkeiten zu bieten. Oder weil die Tatsache, daß die Ankömmlinge in die kleinen Börteboote verfrachtet und mit ihnen auf die Insel gebracht werden, etwas Besonderes ist. Oder Arbeitsplätze und Verdienstmöglichkeiten schafft. Auf jeden Fall fängt der Inselbesuch abenteuerlich an, und dann hat man vier oder fünf Stunden Zeit für zollfreien Einkauf. Lung Wai heißt die Straße im Unterland, wo man Spirituosen, Parfums und Tabak günstig kaufen kann.

600 n. Chr.
Die Friesen wandern von Westen in das heutige ostfriesische Gebiet ein.

Um 775
Auf Befehl Karls des Großen beginnt die Missionierung der Friesen. Die Friesen halten energisch an ihren heidnischen Bräuchen fest, und erschlagen auch hin und wieder einen Missionshelfer. Nach der Eroberung und Christianisierung Sachsens, fällt auch der friesische Widerstand. Das karolingische Königtum bringt für Friesland die unmittelbare Königsherrschaft, das heißt, die »freien Friesen« waren nur dem König untertan, es bildete sich kein Stammesherzogtum.

Um 1000
Der gemeinsame Bau des Goldenen Ringes der Deiche zum Schutz des Landes beginnt.

Ab 1200
Die ostfriesischen Landesgemeinden entwickeln sich, 14 genossenschaftliche Organisationen, die ein kollektives Bewußtsein der Zusammengehörigkeit entwickeln, sich untereinander jedoch heftig befehden. Im Schutz der Deiche gedeihen Wirtschaft und Handel. Das neu gewonnene Marschenland ist fruchtbar, die Besiedelung wird dichter. Im 13. Jahrhundert entsteht eine große Zahl von Kirchenbauten.

1464
Ulrich I. Cirksena wird mit Ostfriesland als Reichsgrafschaft beliehen. Damit ist Ostfriesland Reichsgrafschaft geworden und in die feudale Hierarchie des Deutschen Reiches eingegliedert.

1498
Herzog Albrecht, im Dienst der burgundischen Herrschaft in den Niederlanden, wird von König Maximilian mit Friesland belehnt. Das war zu der Zeit das ganze Gebiet westlich der Zuidersee.

1520
Die Reformation bringt ständige Zerwürfnisse in Ostfriesland mit sich. Die Auflösung der kirchlichen Gemeinden bedroht auch die innere politische Stabilität der Grafschaft Ostfriesland.

1595
Bei der Emder Revolution lehnen sich die wohlhabenden Städter gegen einen schwachen Landesherrn auf.

1600
Die Cirksena erwerben das Harlingerland und regieren es zusammen mit Ostfriesland.

1618–1648
Der Dreißigjährige Krieg tobt auch in Ostfriesland und verwüstet es. Im Herbst 1622 wird Ostfriesland ohne Widerstand von den Truppen des Grafen Ernst von Mansfeld eingenommen. Die ostfriesischen Stände bewegen die mansfeldischen Truppen mit einer beachtlichen Summe Geld, das Land zu räumen. Von Dezember 1627 an aber besetzen kaiserliche Truppen der katholischen Liga Ostfriesland und bleiben bis 1631. Die Dritte und längste Okkupation beginnt 1637 und dauert bis 1650, also über den Krieg hinaus.

1633
Ein Konsortium Emder Kaufleute beginnt damit, in Großefehn das Moor abzutragen und begründet damit die Fehnkultur.

1665
Christine Charlotte, eine Tochter des Herzogs von Württemberg, regiert bis 1699 und schafft die Grundlagen für politische Veränderungen. Die Dame kehrt die nachgiebige Politik ihrer Vorgänger den Ständen gegenüber um und schreckt auch vor Vertragsbrüchen nicht zurück.

1678
Der Kaiser verleiht den Landständen Ostfrieslands ein eigenes Wappen, das »Upstalsboomwappen«.

1693
Brandenburgische Truppen landen in Greetsiel: Die Hohenzollern ziehen ein.

1717
Die Weihnachtsflut überschwemmt das Land und hinterläßt Tote und riesige Schäden.

1725–1727
Die rebellischen Landstände kämpfen gegen ihre Regierung, die Cirksena.

1744
Der letzte Cirksena-Fürst stirbt ohne Nachkommen, Friedrich der Große ergreift Besitz von Ostfriesland.

1765
Der Preußenkönig erläßt ein Urbarmachungsedikt und leitet damit die Moorkolonisation ein, die, falsch geplant, fehlschlägt.

1800
Das Seebad Norderney wird eröffnet.

1806–1813
Ostfriesland wird nach der preußischen Niederlage gegen Napoleon zunächst holländisch, dann französisch.

1815
Preußen tritt das wiedergewonnene Ostfriesland gegen den Willen der Bewohner an Hannover ab.

1866
Ostfriesland fällt wieder an die Preußen.

1888
Es gibt einen Wasserweg durch Ostfriesland, den Ems-Jade-Kanal.

1899
Emden, zum Hafen für die Schwerindustrie des Ruhrgebietes geworden, erlebt einen enormen Aufschwung.

1942
Ostfriesland erhält auf Betreiben von Nationalsozialisten eine neue Verfassung »nach Führerprinzip«.

1944
Emdens Altstadt wird bei einem einzigen Bombenangriff völlig zerstört.

1946
Gründung des Landes Niedersachsen, die Ostfriesische Landschaft bekommt eine demokratische Verfassung als Kulturparlament.

1978
Der Regierungsbezirk Aurich wird aufgelöst, die traditionelle politische Eigenständigkeit Ostfrieslands ist damit erloschen, es ist nur noch Teil Niedersachsens.

1994
Die jüngste Stadt an der Nordseeküste, Wilhelmshaven, feierte am 17. Juni ihren 125. Geburtstag.

1996
Der Nationalpark Niedersächsisches Wattenmeer besteht jetzt zehn Jahre. Er ist nach wie vor gefährdet.

Vier sind immer für Sie da. Und dort.

WICHTIGE INFORMATIONEN

An unsere Leserinnen und Leser:

Wir freuen uns, Ihre Meinung zu diesem Reiseführer zu erfahren. Bitte schreiben Sie uns, wenn Sie Berichtigungen und Ergänzungsvorschläge haben oder wenn Ihnen etwas besonders gut gefällt:

Gräfe und Unzer Verlag
Reiseredaktion
Postfach 86 03 66
81630 München
Grillparzerstraße 12
81675 München

Alle Angaben in diesem Reiseführer sind gewissenhaft geprüft. Preise, Öffnungszeiten usw. können sich aber schnell ändern. Für eventuelle Fehler übernimmt der Verlag keine Haftung.

Lektorat: Karin Szpott
Redaktion:
Bärbel Kupec, Christa Botar
Kartenredaktion:
Reinhard Piontkowski

Gestaltung: Ludwig Kaiser
Umschlagfoto: Ottmar Heinze/
Der Leuchtturm von Pilsum
Karten: Kartographie Huber
Produktion: Helmut Giersberg
Layout: Andrea Umberto
Druck und Bindung: Stürtz AG
ISBN 3–7742–0402–0

Alle Fotos O. Heinze außer
G. Amberg 76, 115; laif/P. Hahn 81;
M. Pasdzior 2/3, 11, 13, 28, 29, 56,
91, 92, 106, 119; Silvestris/H. Heine
68, H. Jokel 100

Dieses Buch wurde auf chlorfrei gebleichtem Papier gedruckt

1. Auflage 1998
© Gräfe und Unzer Verlag GmbH, München